JN096745

新・保育と人間関係

― 理論と実践をつなぐために ―

柏 まり・小林 みどり 編著

德留 由貴・村上 真理子・明石 英子
淀澤 勝治・久保田 智裕・淀澤 郁代
壷井 ゆき子・福澤 惇也 共著

嵯峨野書院

は じ め に

　現代社会において，都市化や少子化が進展したことは，社会環境や人々の生活様式を大きく変化させた。子どもを取り巻く環境は，遊ぶ時間，遊ぶ場所，遊ぶ仲間が減少し，子どもの育ちに影響を与えている。2020年には，新型コロナウイルスという未知のウイルスへの恐怖により，地域・職場・学級での交流が制限され，祖父母・親戚・同僚・友人など，多くの人との関わりが遮断された。保護者や保育者が子どもをのびやかに育て，子どもが健やかに育つためには，豊かな人間関係を基盤とした生活の再構築が必要となる。人との関わりに困難さや煩わしさを感じ，人と関わることを回避しようとする時代の中で，人と共にある楽しさや人の思いやりの温かさ，大切な人との絆の尊さについて考えて欲しい。本書は，子どもの育ちを取り巻くさまざまな人間関係の諸問題を取り上げ，むずかしい時代の中で子どもの保育・教育に携わる人たちへ「共に考え・共に進もう」というメッセージを込めて企画された。

　本書は，乳幼児を対象の中心に据え，保育内容「人間関係」における基礎理論と実践知のゆるやかな融合を試みた。人間関係は，保育内容の指導法に基づく実践的領域であるため，乳幼児期からの人間関係に関する諸理論を素地とした指導法に関する知識および技術の修得を目指す。したがって，本書の執筆は，保育者養成や教職に携わる研究者および保育・教育現場の第一線で活躍する先生に担当いただいた。また，時代の変化に対応した保育観を深められるように，具体的な事例や遊びを提示するとともに，具体的な保育の展開や援助方法についてわかりやすく記載するように努めた。

　本書を通して，保育学や教育学の知見に基づきながら「人間関係」の基本を理解するとともに，素晴らしい保育の世界や保育者という仕事の魅力を感じていただきたいと考える。そして，本書が保育に携わる多くの方に広く活用され，子どもの健やかな育ちに寄与することを願っている。

2023年8月

編著者　　柏　　ま　り
　　　　　小 林 み ど り

章イラスト　なかのまいこ

第Ⅰ部
保育内容「人間関係」

第 1 章

幼児教育・保育の基本と領域「人間関係」

 1 幼児教育・保育の基本と領域，乳幼児期における人間関係の意味

（1） 乳幼児期における教育・保育

1）「幼児教育」の共通化とその特徴

　乳幼児期の子どもは，保護者や保育者などの特定の大人との安定した人間関係を基盤にして，より広い世界へと歩みを進めていく。そこで出会う人やモノ，自然や社会の事象との関わりは，子どもの好奇心や探究心を育て，子どもたちをさらなる学びの世界へと誘う。

　こうした乳幼児期の子どもの成長・発達を支える場の１つに，幼稚園や保育所，幼保連携型認定こども園といった教育・保育施設がある。現在，そうした施設を利用する３歳以上の子どもは９割を超え，このような状況の中で，2017（平成 29）年の**幼稚園教育要領**や**保育所保育指針**，**幼保連携型認定こども園教育・保育要領**（以下，要領・指針）の改訂（改定）では，従来からの幼稚園・保育所・幼保連携型認定こども園の特徴を継承・発展させつつ，質の高い教育・保育が日本のすべての園で受けられることを保障しようとする試みが示された。

　この主要な試みの１つが「**幼児教育**」の共通化である。この「幼児教育」は文字通り，「幼児」つまり，３歳以上児を対象に行う教育を指している（場合によっては，乳幼児期全般を対象に幼児教育と指す）。なお，これまでの「幼児教育」は，主に学校教育の一部である幼稚園での教育を指して用いられていた。しかし，今回の改訂にあたって「幼児教育」は「幼児が生活するすべての場において行われる教育を総称したもの[1]」とし，保育所や幼保連携型認定こども園を含む教育・保育施設で行われる

幼稚園教育要領
保育所保育指針
幼保連携型認定こども園
　　教育・保育要領

幼児教育

教育であると位置づけられている。

　また，幼稚園教育要領[2]には「幼児期の教育は，生涯にわたる**人格形成**の基礎を培う重要なものであり，（略）幼児期の特性を踏まえ，環境を通して行うものであることを基本とする」との記載がある。ここでいう「**環境**」とは，人的環境，物的環境，自然・社会環境の３つを指し，それらが相互に関連し合う中で保育がつくり出される。保育者は，子どもがこうした「環境」との相互作用を通して，成長・発達していくことを理解したうえで，子どもの生活がより豊かなものとなるよう意図的・計画的に環境を構成し，保育を行うことが求められている。

人格形成

環境

２）教育・保育施設における「養護」

　保育には「教育」だけでなく，「**養護**」の側面がある。保育所保育指針において，「養護」は以下のように記されている[3]。

養護

> 　保育における養護とは，子どもの生命の保持及び情緒の安定を図るために保育士等が行う援助や関わりであり，保育所における保育は，養護及び教育を一体的に行うことをその特性とするものである。

　教育・保育施設が子どもにとって安心して生活できる場となるためには，温かく落ち着いた雰囲気の中で，特定の大人との応答的なやりとりが行われていること，その中で情緒的な安定が得られていることが必要になる。そうした環境があるからこそ，子どもたちは遊びや生活といった体験を通して，人と関わる力や思考力，感性や表現する力などを育み，生きていくための基礎を培うことができる。

　なお，こうした「養護」の機能は，保育所に特化したものではない。幼稚園教育要領においても「幼児は安定した情緒の下で自己を十分に発揮することにより発達に必要な体験を得ていくものであることを考慮して，幼児の主体的な活動を促し，幼児期にふさわしい生活が展開されるようにすること」と，養護に関連する記述がある[4]。したがって，教育・保育施設全般で「養護及び教育を一体的に行う」ことが望まれている。

（2）乳幼児期における人間関係の意味

1）人間の特徴

　先に述べた「養護」と「教育」が乳幼児期の保育にとって必要な理由の1つに，スイスの動物学者である**アドルフ・ポルトマン**（Portmann, A.）の「**生理的早産**」を例に説明したい[5]。これは，人間は他の動物と比べて約1年早く未熟な状態で生まれてくるという考え方である。たとえば，動物の赤ちゃんは，ウマやウシのように，生まれてすぐに立って歩き，自ら母親の母乳にたどりつくことができるグループ（＝離巣性）と，ネズミやウサギのように，未熟な状態で誕生し，しばらくは親の助けがないと生きられないグループ（＝就巣性）に分けられる。さて，人間の赤ちゃんはというと，生まれてからすぐに立って歩くことも自ら食事をとることもできないため，「就巣性」のグループに属しているように見える。しかし，人間の赤ちゃんは「泣き」という手段を通して他者へ「サイン」を送ることもできるし，人の音声や人の顔に似たものに反応するなど感覚器官もよく発達している。つまり，「離巣性」の要素も持っているのだ。2つのグループの要素を持ち合わせている不思議な人間の赤ちゃん。脳や身体は未熟な状態で誕生するものの，人と関わるための能力を備えつつ，人やモノとの関わり（＝社会的環境）のなかで身体的にも精神的にも大きく発達していく姿は，「**発達**の可能性」を秘めた存在であるといえる。だからこそ，私たち人間は生後間もない子どもを守り育て，その発達の可能性に期待し，さまざまな環境を通して働きかけようとするのである。

2）人間関係の意味

　私たちにとっての人間関係の意味を考えるにあたって，以下を参照したい。

> 　保育とは，人間が人間を育てる営みで，その内容はとても豊かである。（略）時代は変わっても，保育を成り立たせる理念には普遍性がある。保育の基本的な役割とは，子どもの成長・発達を保障すること，親が働くことを支えること，地域社会の子育てを応援することなどである。保育を通して考えてみると，1

アドルフ・ポルトマン

生理的早産

発達

人の子どもの存在が，周りのおとなたちを結びつける役割を果たす。そして，子どもの保育を通して，地域の輪ができていく。保育には，地域社会をつくっていく力がある，といっても言い過ぎではないだろう[6]。

保育の対象となるのは「子ども」だけではない。子どもを中心にして，保育者や保護者，地域がともに手をとり，子どもを育てる営みに関わっている。そうした人と人とが関わり合う環境のなかで，子どもも大人もさまざまなことを学び，豊かな暮らしをつくっていくのである。

しかし，最近ではこうした人との繋がりを結ぶことが難しくなってきている。たとえば，子どもの遊びの条件といわれる「時間」「空間」「仲間」の「3つの間（三間）」が失われている，といわれるようになったこともその理由の1つである。門脇[7]は，高度経済成長による都市部の開発が進むなかで，子どもたちの遊び場であった空き地や原っぱ，川や山などがなくなっていったこと，高校とそれに続く大学進学率の高まりにより，勉強にあてる時間が増え遊ぶ時間がどんどん失われていったこと，その結果，外で友達と元気に遊ぶ子どもたちの姿も見られなくなり，子どもたちは遊ぶ仲間もなくすことになったと指摘している（第10章 ❶ （2）参照）。

3つの間（三間）

保育は，子どもがともに生活する仲間との関わりや**遊び**を通して，さまざまなことを経験していくことに教育的意義を置いている。時代が変化していくなかでも，子どもの成長・発達を保障するために欠かせない経験とは何かを改めて問いながら，実践し続け，保護者や地域へと発信していくことが求められているのではないだろうか。

遊び

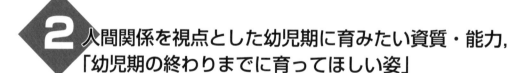

◆2 人間関係を視点とした幼児期に育みたい資質・能力，「幼児期の終わりまでに育ってほしい姿」

（1） 幼児期に育みたい資質・能力と「幼児期の終わりまでに育ってほしい姿」

近年，グローバル化や人工知能（AI），IoT などのテクノロジーの進化，気候変動といったさまざまな要因が複雑に絡み合う中で，社会の状況も

大きく変わり，現代は**予測困難な時代（VUCA）**を迎えている。VUCA
は「Volatility（変動性）」「Uncertainty（不確実性）」「Complexity（複雑
性）」「Ambiguity（曖昧性）」の4つのキーワードから成り立っており，
これまでの常識を覆すようなさまざまな社会変化が起こることを表して
いる。そうした，今後続くであろう大きな社会変化に対応していけるよ
うな力が次世代を担う子どもたちには必要であり，教育・保育施設や学
校においては社会と連携・協同した教育活動が求められている。

　この流れを後押しする研究成果が，世界的に広がる**ジェームズ・J・**
ヘックマン[8]の「**ペリー就学前プロジェクト**」である。これは幼少期の
環境を豊かにすることがIQに代表される**認知能力**だけでなく，自制心
や忍耐力，協調性，コミュニケーション力といった**非認知能力**にも肯定
的な結果をもたらすことを示した。こうした研究の成果もあり，世界的
な動向として「**コンピテンシー**」に基づく就学前からの教育の重要性が
指摘されるようになった。

　以上のような動向の中で，日本では今回の要領・指針の改訂（改定）
が行われ，大きな柱として「社会に開かれた教育課程の実現」「1人1人
の資質・能力を育んでいくこと」「小学校以降の教育や生涯にわたる学
習とのつながりを見通すこと」が置かれた。

　この目標に基づき，2017（平成29）年の要領・指針の改訂（改定）で
は，小学校以降の学習指導要領との接続を見据えて，乳幼児期の教育・
保育施設においても「**育成を目指す資質・能力の3つの柱**」が示された。
この「資質・能力の3つの柱」には，①「知識及び技能の基礎」，②「思
考力・判断力・表現力等の基礎」，③「学びに向かう力，人間性等」があ
り，要領・指針において示すねらい及び内容に基づく活動全体によって
育むことが記されている。

　また，「小学校以降のようないわゆる教科指導で育むのではなく，幼
児の自発的な活動である遊びや生活の中で，感性を働かせてよさや美し
さを感じ取ったり，不思議さに気づいたり，できるようになったことな
どを使いながら，試したり，いろいろな方法を工夫したりすることなど
を通じて育むことが重要[9]」とされている。乳幼児期は「資質・能力」
の「基礎」が育つ重要な時期として，「環境」を通した保育のあり方の工

予測困難な時代（VUCA）

ジェームズ・J・ヘック
マン
ペリー就学前プロジェク
ト
認知能力
非認知能力

コンピテンシー
　単なる知識や技能だけで
はなく，技能や態度を含む
様々な心理的・社会的なリ
ソースを活用して，特定の
文脈の中で複雑な要求（課
題）に対応することができ
る力である。
引用：文部科学省，用語解説

育成を目指す資質・能力
　の3つの柱

夫が改めて重要視されている。

　また，この３つの資質・能力を踏まえつつ，それらが育まれている幼児の具体的な姿として，**「幼児期の終わりまでに育ってほしい姿（10 の姿)」** を示している。

幼児期の終わりまでに育ってほしい姿（10 の姿）

　　1．健康な心と体
　　2．自立心
　　3．協同性
　　4．道徳性・規範意識の芽生え
　　5．社会生活との関わり
　　6．思考力の芽生え
　　7．自然との関わり・生命尊重
　　8．数量や図形，標識や文字などへの関心・感覚
　　9．言葉による伝え合い
　10．豊かな感性と表現

　この 10 の姿は，これまで幼児教育の土台となっていた５領域の内容を踏まえたものである。ここで注意しなければならないことは，10 の姿は，幼児期の終わりまでに「到達すべき姿」ではなく，幼児期後半の具体的なイメージ像として小学校との接続を視野に日々の保育を行うよう設定されたものであり，そうした日々の保育と子どもの姿を評価するための目安であるということである。したがって，１人１人の発達や個人差を考慮しながら，けっして保育者の押しつけになってはならないことへも配慮したいところである。

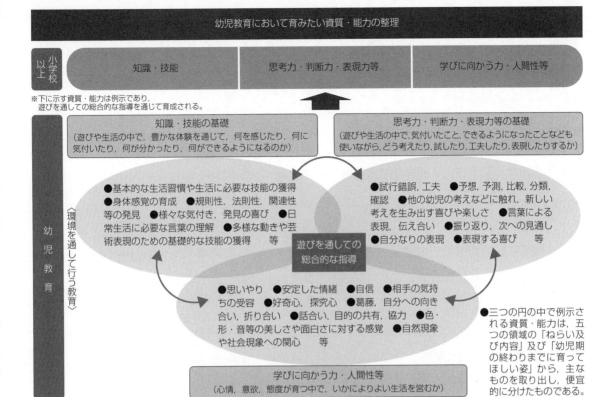

● 図1-1 ● 幼児教育において育みたい資質能力の整理

出典：文部科学省「資質・能力の整理イメージ（たたき台）」2016 年（https://www.mext.go.jp/b_menu/shingi/chukyo/ chukyo3/057/siryo/__icsFiles/afieldfile/2016/04/19/1369745_03.pdf, 2023 年 6 月 29 日閲覧）

（２）　人間関係を視点にした「資質・能力」と「幼児期の終わりまでに育ってほしい姿」

　今回の改訂（改定）では，「**養護**」が「総則」に初めて記載され，改め **養護**
てその大切さが語られるようになった。その背景には，家庭環境が多様
化してきているなか，１人１人の子どものニーズに合わせて保育を行う
ことの重要性が改めて注目されてきたことにある。これについて汐見[10]
は「子どもの貧困問題」が関連しているとして，主に①「経済的貧困
（＝保護者の経済的な貧困により食事などが与えられない）」，②「愛情の貧
困（＝親の愛情を十分受けられていないために起こる情緒的発達の遅れ）」，
③「体験の貧困（＝親の関わりが薄いために陥る体験不足と知的育ちへの刺
激不足）」，④「言葉の貧困（＝適切な言葉かけを受けられる機会，考える機
会が著しく少ないことによる，言葉や思考力の遅れ）」を挙げ，経済的な貧

困だけでなく，子どもが成長・発達していくうえで必要な人との関わりや体験が得られないことによる問題を指摘している。人との関わりが希薄化していくことによる発達への影響は懸念すべき事であり，乳幼児期から人と関わる機会を大事にしていくことが教育・保育の課題だといえる。

　一方，5領域のうち，「人間関係」は，「他の人々と親しみ，支え合って生活するために，自立心を育て，人と関わる力を養う」領域である。また，第3章❷（2）に示すように，10の姿には，この領域と関連する4つの項目が挙げられている。その4つとは，「**自立心**」「**協同性**」「**道徳性・規範意識の芽生え**」「**社会生活との関わり**」であり，この領域「人間関係」と4つの項目を踏まえると，次のような子どもの姿が見えてくる。

　子どもは誕生とともに特定の大人からの応答的で温かな関わりにより，他者への信頼感を徐々に膨らませていく。それと同時に，主体的に世界と関わったり，取り組んだりする中で，自らできた達成感を味わい，自己信頼感を高めていく。それは，自ら意欲的に挑戦していく姿，つまり「自立心」へと繋がっていくのである。この「自立心」を基盤としつつ，子どもは仲間集団との生活や遊びを通して，人と関わる力を養う。他者と協力し何かを成し遂げる経験や協力するために互いの思いを伝え合い生活を創っていく経験は「協同性」を育てることにも繋がる。また，子ども同士の関わりの中ではさまざまな葛藤やトラブルが生じ，他者と話し合いを通して相手の思いを理解すること，きまりを守ることなどの「道徳性・規範意識の芽生え」が培われていく。そうした中で培われてきた力を発揮し，社会のさまざまな人々と交流し，その中でさまざまな場での振る舞いを知っていくという「社会生活との関わり」にもつながっていくようになる。

　以上のように，10の姿の内，4つの項目は，領域「人間関係」と密接に関わっており，それぞれの項目もまた関連し合っている。「人と関わる力」は，当然ながら人との間で培われるものであり，関わる人や集団がどのような価値観を持ち，そこでどのような経験をするかによって，人格に大きな影響を与える。そこに教育的意図をもって関わる保育者は，

自立心
協同性
道徳性・規範意識の芽生え
社会生活との関わり

「どのような」関係を「どのように」環境として用意していくか，見通しを持つことが大事であろう。

◆3 現代社会における子どもの人間関係と関係発達論的視点

（1） 現代社会における子どもの人間関係

「令和4年**子供・若者白書**[11]」によると，**自殺**，**いじめ**，**不登校**はともに増加傾向にあり，小学校のみの学内外の暴力行為を，2015（平成27）年度と2020（令和2）年度の調査で比較すると2倍以上の増加が見られる。なお，いじめの状況は，小学校では「冷やかしやからかい，悪口や脅し文句，嫌なことをいわれる（57.9%）」がもっとも多く，「軽くぶつかられたり，遊ぶふりをして叩かれたり，蹴られたりする（24.0%）」が次ぐ。不登校の理由については，小中高ともに「無気力・不安」は40%程度だったが，次ぐ理由は小学校で「親子の関わり方」，中学校で「いじめを除く友人関係の問題」となっている。また，最近では，小学生のインターネットの利用状況は51.9%，スマートフォンの利用状況は53.4%と過去最高を記録しており，同時にSNSに起因する事犯の被害児童数も増加傾向にある。

こうした実態は，①社会問題の背景には，子どもたちが生活する場における家族，友人などとの関わりが関係していること，②いずれにおいても小学校の増加率が高く，これまでの対人関係による社会問題が低年齢化してきていることを示している。人格形成に関わる乳幼児期の子どもたちが生活する教育・保育施設において，子どもたちが自分を大事にし，他者との安定した関係のなかで，ともに生きていくことができるよう，乳幼児期から，よりよい教育・保育を保障していくことが課題になる。

子供・若者白書
自殺
いじめ
不登校

（2） 個体能力発達論から関係発達論的視点へ

保育において，子どもの発達をどう捉えるかは大事な視点である。

「関係発達論」は，従来の発達観である未完成の状態から完成した状態に向かって子どもが能力を獲得していくという見方（＝「個体能力発達論」）への批判から生じている。「関係発達論」の第一人者である鯨岡[12]は，これまでの発達観や子どもを理解する視点には，「育てる」大人側の問題や「子ども―大人」との関係性の問題が抜け落ちており，「子どもも大人も」ともに**発達する主体**であることを発達の対象に置く必要があると論じている。つまり，「関係発達論」は，人の育ちを「育てる者―育てられる者」との相互的なやりとりを通して成長・発達し，かつ両者が一生涯にわたって変容していく過程として捉えようとする発達観である。

この「関係発達論」の根底には「個の発達は常に他との関係の営みの中からしか立ち現れてこない」という見方がある。保育において，「個」と「集団」が互いを批判するものとして扱われることが多々あるが，この立場に立つと，「個」の発達には「集団」が必要であり，「個」が発達することによって「集団」も発達していくという関係性が見えてくる。

このような生活の中の人間関係は，行為の主体としての「**人格**」を育てることにも繋がる。最近では，他者との関係性が自己のアイデンティティに影響を及ぼすことがわかっており，そうした関係性のなかで個の発達を捉えることは子どもを多面的に理解していくうえでも必要なことである。また，**乾孝**[13]は，人の思考の発達を「周りの人間関係が，我々の心の中にお引っ越しをしてくる」と表現し，「子どもが考えるということは，心の中に引き込んだ仲間にまだおこっていない事実について相談すること」であり，「心の中の相談相手との人間関係，信頼関係は，日ごろの生活の中での人間関係，信頼関係を映したもの」だと述べている。つまり，生活の中での人との関わりが記憶や経験として子どもの中に蓄積され，そうした記憶や経験は，子どもが考える際の価値基準になっているのである。保育は生活や遊びを通して行われるが，そうした生活や遊びのなかで，仲間や集団との関わりをどのようにつくっていくか，どのような関係性を生み出していくかは，教育・保育において大事な視点であるといえる。

関係発達論

個体能力発達論

発達する主体

人格

乾孝

【引用・参考文献】

1）文部科学省「子どもを取り巻く環境の変化を踏まえた今後の幼児教育の在り方について（答申）」2005 年（https://www.mext.go.jp/b_menu/shingi/chukyo/chukyo0/toushin/attach/1420140.htm，2023 年 6 月 13 日閲覧）

2）文部科学省『幼稚園教育要領解説〈平成 30 年 3 月〉』フレーベル館，2018 年，p. 26

3）厚生労働省編『保育所保育指針解説〈平成 30 年 3 月〉』フレーベル館，2018 年，p. 30

4）前掲書 2），p. 26

5）アドルフ・ポルトマン，高木正孝訳『人間はどこまで動物か―新しい人間像のために』岩波書店，1961 年

6）近藤幹生『保育とは何か』岩波書店，2014 年

7）門脇厚司『社会力を育てる―新しい「学び」の構想』岩波書店，2010 年

8）ジェームズ・J・ヘックマン，古草秀子訳『幼児教育の経済学』東洋経済，2015 年

9）文部科学省「幼児教育部会における審議の取りまとめ（報告）」2016 年（https://www.mext.go.jp/b_menu/shingi/chukyo/chukyo3/057/sonota/__icsFiles/afieldfile/2016/09/12/1377007_01_4.pdf，2023 年 6 月 29 日閲覧）

10）汐見稔幸『さあ，子どもたちの「未来」を話しませんか』小学館，2017 年

11）内閣府「令和 4 年子供若者白書」（https://www8.cao.go.jp/youth/whitepaper/r04honpen/pdf/index_2.pdf，2023 年 6 月 29 日閲覧）

12）鯨岡 峻『関係の中で人は生きる』ミネルヴァ書房，2016 年

13）乾 孝『伝えあい保育の構造』いかだ社，1981 年

お薦めの参考図書

① 汐見稔幸『さあ，子どもたちの「未来」を話しませんか』小学館，2017 年

② 大宮勇雄・川田 学ほか『現場の視点で新要領・指針を考えあう』ひとなる書房，2017 年

③ 鯨岡 峻『子どもは育てられて育つ』慶應義塾大学出版会，2011 年

④ 久田敏彦・岡 喬子ほか『集団づくりの「見取り図」を描く』かもがわ出版，2013 年

ま と め

1 保育・幼児教育は，適切な「環境」を通して「養護」と「教育」を一体的に行うことが望ましい。

2 人間は他の動物と比べて約1年早く未熟な状態で生まれてくることから，他者からの見守りや援助（＝養護）は欠かせない。しかし，他者との関わりの中で，成長・発達していく可能性（＝教育）ももっている。

3 予測困難な時代（VUCA）を迎えた現在，IQに代表される認知能力だけでなく，自制心やコミュニケーション力といった非認知能力の力が求められるようになり，「コンピテンシー」に基づく教育の重要性が高まっている。

4 「資質・能力の3つの柱」と「幼児期の終わりまでに育ってほしい姿（10の姿）」は，幼児期後半の具体的なイメージ像として小学校との接続を視野に日々の保育を行うよう設定されたものであり，そうした日々の保育と子どもの姿を評価するための目安である。

5 自殺，いじめ，不登校などの社会問題は深刻化し，年々低年齢化していることから，乳幼児期からよりよい教育・保育を保障していくことが課題になる。

6 子どもが他者と良好な関係を築けるようになるためには，1人1人の子どもが自分自身を価値ある存在だと認識し，大事にできるような社会が求められている。

7 「関係発達論」は個の発達は常に他との関係の営みの中から始まることを前提にしており，相互的なやりとりを通して成長・発達し，関わり合う人々が互いに一生涯にわたって変容していく過程を発達と捉えている。

8 保育は生活や遊びを通して行われる。そうした生活や遊びのなかで，他児や集団との関わりをどう捉え，どのような関係性を生み出していくかは教育・保育において大事な課題である。

第2章

人間関係を視点とした乳幼児期の発達の理解

1 乳児における人と関わる力の育ち
──家庭で育まれる人間関係と愛着形成等の理論的理解

（1） 乳児の持つ力

　人間は，大人の養育を必要とする状態で生まれる。生まれたときから歩くことのできる哺乳類もたくさんいる中，人間の赤ちゃんは周囲の大人の「育てる」という行為がなければ生きていくことができない。最近の研究では，乳児は大人の養育行動を引き出す能力を生まれながらに持っていることが分かってきた。

　乳児を見て「かわいい」と思うのは，その外見的な特徴が理由だとも言われるが，ほかにも大人が「かわいいな」「声をかけたいな」と思わずにはいられない能力を持って生まれてくる。だからこそ，大人の養育行動を促し生存を可能なものとしていく。

　生後間もない新生児の視力は未発達であり，やっと20センチ先のところに焦点を合わせることができる。これは，大人に抱かれたときの顔と顔の距離とおなじである。新生児を抱いて顔を見ると，新生児も自分のことを見ているように感じ，それが嬉しくて何度も抱きかかえようとする行為が生まれる。

　抱き上げると泣き止んだり，声を出したりするようになる変化も，少しずつ人間特有の姿に育っているように見え，養育者の喜びとなる。だから養育者はよりスキンシップを持ったり，話し掛けたりするようになる。

CASE

笑った！

　生後間もない第一子を持つ父親の姿。この父親は子どもが生まれる前，「赤ちゃんのこと，可愛いって思えるのかな？」と父親になることへの不安を母親に漏らしていた。子どもが誕生し，必要に迫られ，抱きかかえたり，おむつを替えたりする生活が始まる。

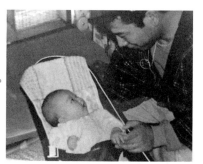

　ある日のこと，子どもを抱いている父親が叫ぶ。「おー！笑った。今ぼくの方をみて笑ったで！」子どもを愛おしいまなざしで見つめる父親の姿があった。赤ちゃんの生まれ持つ「微笑む」という力に支えられ，わが子により愛情深く関わる親の姿である。

（2）　愛着の形成

　新生児には，**自発的微笑**がみられるが，次第に**社会的微笑**がみられるようになる。「社会的微笑」とは，大人の「あやす」という行為に対して笑うというものである。社会的微笑が見られるようになると，親は，自分の関わりへの反応が感じられるため，よりわが子を「愛おしい」と思うようになる。こういうやり取りの繰り返しにより，特定の人との間に「愛着」が形成される。

自発的微笑
社会的微笑

　しかし，養育者にとって乳児との生活は喜びばかりとはいえない。昼夜を問わず授乳に追われ，慢性的な睡眠不足に陥り，乳児のほんの少しの体調の変化も不安になる。核家族化の今，何より「自分が目の前のわが子をしっかり育てていくことができるのだろうか？」と不安にさいなまれる親も少なくない。だからこそ，自分の関わりへの乳児の反応に喜びを感じ，励まされ，愛情深く関わっていくことができるのだ。

　生まれて間もなく，新生児は不快を感じると泣き，大人を求める。そして，身近な大人が，抱きかかえたりあやしたりおむつを替えたりすると不快はやわらぎ，安心感を抱く。その繰り返しの中で特定の人と**愛着関係**を確かなものにしていく。

愛着関係

　不安があっても，泣いて訴えると不快を取り除き快を与えてくれる人がいるということに，この上ない安心感を抱くことができる。肌で自分

は大切にされていることを感じ，「自分のいる世界は生きていくに値する素晴らしいところ」という人間関係の原点となる感覚を味わうことができる。特定の人との愛着関係ができると，乳児は自らその特定の愛着の対象から離れ，新しい世界と関わり始める。そして不安なことがあれば，愛着対象のところへ戻り，自分が守られている存在であることを再び認識する。乳児は特定の人との愛着関係のなかでの安心を基盤に，自分の世界を一歩ずつ歩んでいく。

（3）「わたし」の芽生え

　生まれたばかりの新生児でも，自分の体とそれ以外のものを区別していることがわかってきた。たとえば，自分の体を自分で動かして見つめるというような行動がみられるようになる。ぎゅっと握った手を自分で見つめるとき，自分の体を自分で動かすと，目で見ている自分の体の動きが変化する。自分でしようとした動きができるようになるということは乳児にとって大発見である。乳児は，自分の手や足をなめたり，おもちゃをなめたりしながら，自分と他との違いを知っていく。

　自分で座ることができるようになると，視野が広がり手も自由になり，より主体的にモノと関わることができるようになる。手に取りたいという内面の発達と，体を動かして取ろうとする身体的な発達が重なって，主体的に環境に関わる。そして，おもしろさを感じると，より意欲のある姿がみられるようになる。

1歳以上3歳未満児における人と関わる力の育ち —— 3歳未満児の遊びや生活の中で見られる人間関係

（1）「わたし」と「あなた」

　生後9か月ごろ，乳児は，大人の視線や指差す方に何かあることを読み取って視線を向けたり，相手を自分の関心の先に引き付けようと指差しをしたりするようになる。この「共同注意」は，自分と他者で対象への注意を共有することをいい，これは他者と共に生きる世界を作る第一

共同注意

歩といえる。

　次第に指差しをすると，自分の意思がよく相手に伝わることがわかるようになり，繰り返し指差しをするようになる。これを指で差したらこうやって反応してくれるよね，自分の思いをわかってくれるよねと，「わたし」の世界を共有してくれる存在として，相手に期待を持っている姿である。

　言葉のない年齢であるが，1人でしているよりも2人でしている方が楽しいと感じられ，このようなやり取りを繰り返す。このように家庭や園という安定した関係性の中で，他者とのやり取りを楽しみながら，「わたし」の世界を広げ，「あなた」に温かく受け止められることで，自分の大切さを感じ，さらに他者と関わろうとするようになる。

（2）「わたし」の主張

　自分の世界を他者と共有しようとする一方で，「わたし」は「わたし」と主張することも増える。1歳を過ぎると，子どもの反抗期を実感し，子育てに悩む親も増えてくる。大人からすると反抗期でも，子どもからすれば，「**自己主張**」である。この自己主張には大切な意味がある。自分の意思が明確になるからこそ，その意思を通そうとする。今の自分が感じていることを基盤に，自分の意思として「いや！」と主張する。わがままに見えるこの行為には意味があり，大好きな人の前で自己を思いきり主張するからこそ，相手の反応に触れ，少しずつ相手の思いに気付くことができるようになっていく。

自己主張

　相手は自分をどこまで受け入れてくれるか試す行為をするようになったとき，周りの大人はどう関わるのがよいのか。「あなたは今こんな風に感じているのね。その気持ちはわかっているよ。でも親としてはこんなことを願っているよ」ということを伝える。子どもが，「わたし」の自己主張は収めたけど，「あなた」の提案を受け入れたら楽しかったという経験を持てることが必要である。自己を主張しながらも自分の気持ちを調整することにより，楽しいことが見つかるという経験は，人と関わり合い生きていく人間の発達にとって欠かすことができない。

CASE

まだまだやりたい

11月。2歳児のＡ児は，庭いっぱいに広がっている落ち葉を熊手で集めては，たらいに運んでいる。たらい8分目くらいまで落ち葉がたまったころ，昼食時間となった。保育者は「給食たべようか？」と声をかける。Ａ児はこちらをふりむきもせず，「いや！」と即答。その声につられるようにそばにいた2人の男児も「いや！」と意思表示。そのまま，落ち葉を胸いっぱいに抱えてはたらいに入れる。私は「まだまだいっぱい入れるのよね」と子どもたちの思っているであろうことを言葉にし，その場を離れた。しばらくすると，満足感でいっぱいの顔をして3人は保育室に戻ってきた。そして「食べる」と一言。園庭を見ると，たらいは落ち葉でいっぱいになり，熊手もちゃんと片付いていた。「今，子どもたちはどうしたいと願っているのか」その気持ちにまずは寄り添う。

3 3歳以上児における人と関わる力の育ち ——園生活における人と関わる力の育ち

（1）自己を調整する力

幼稚園教育要領解説に「幼児の**自己発揮**と**自己抑制**の調和のとれた発達」という言葉がある。これは子どもたちに，目標に向かって他者と協働し，それぞれのよさを十分に発揮できるようになってほしいという願いが込められている。

自己発揮するうえでは，自己主張することが基盤となる。自己主張は主に3歳〜4歳半にかけて発達する。自己抑制は3歳以降，ずっと成長する。園において他者との交わりが急速に増える3歳の時期，自己発揮と自己抑制のバランスのとり方は他者との間で徐々に身に付けていくものなので，園での過ごし方は非常に重要となる。

自己発揮
自己抑制

1）自己を発揮

　現代社会の状況下では，地域で同年齢の子どもと遊んだ経験がほとんどない子どもも多い。それだけに保育所や幼稚園，認定こども園などの集団生活における子ども同士の関わりが重要となる。

　自己主張を「自分の思いばかり主張して，わがままばかり…」と表面的に捉えてしまうと，子どもは自分が否定されていると思い，より攻撃的になっていく。強く主張していても，本当は不安であるその気持ちを受け止め，行動の奥底にある心情に心を寄せ，自己発揮できるよう支えることが大切である。保育者の支えがある中で，自分のやりたいことが実現できるようになると，子どもは自信を持ち，人との関わり方も変容していく。

　他の子どもたちも，保育者のまなざしを感じ取ってその子どもを理解していく。保育者が「困った子」というまなざしで否定的に関わっていると，他の子どもたちもその子に対して否定的な見方をするようになり，関係性を築きにくくなる。肯定的なまなざしを向けていると，子どもたちの関わりも自然と受容的なものになっていく。

　また，園生活に不安を抱く子どもを，親と無理に離すのではなく，自ら動き出すまで，子どもの不安を受けとめることが必要な期間がある。園で遊んだものを持ち帰るという姿は集団生活が始まって間もない頃，よく見られる光景である。園のものを家に持ち帰るという行為は，園での楽しい気持ちを自分の一番安心できる場所に持ち帰るという行為である。大切なものが家と園を自分と一緒に行き来することで，家と園が子どもにとって楽しさでつながり，園も安心できる場所となっていく。

　保育者は**安心**して園生活を過ごすことができるように子どものありのままの気持ちを受けとめる。子どもが，身近な環境に興味を持ち，主体的に関わる中で，自分が楽しいと思うことを見つけることができるように支える。子どもと興味関心を共有し一緒に楽しむ中で，少しずつ保育者が園での安心基地となっていく。保育者の存在という安心に支えられ，自己を発揮するようになる。そして，楽しかった経験が子どもの満足感や達成感となり，よりさまざまな「モノ」や「コト」との関わりを楽しむようになっていく。

安心

2）自己の抑制

　3歳ごろまでの子どもは，状況に応じた行動の切り替えが難しく，4～5歳ごろになると，少しずつ「したいこと」を我慢して「すべきこと」を選ぶことができるようになっていく。

　まず保育者は思いを受け止め，その思いを**代弁**して相手に伝える援助を行う。そして，保育者は寄り添いながらも自分で自分の気持ちを相手に伝えることができるようになってほしいと願いをもって関わる。保育者に支えられることで，次第に落ち着いて自分の気持ちに向き合うことができるようになる。　　　　　　　　　　　　　　　　　**代弁**

　3～5歳の3年間は，社会生活を営むうえで基盤となる重要な時期。3歳ごろは，「どうしたいの？」と言葉を掛け，自分の気持ちを言葉にし，相手に伝えられるように援助していくことが必要な時期である。4，5歳ごろは，活動の目的を意識し，自分はどうすればよいのかを考えられるように援助をすることが必要な時期となる。

　この頃になると，それぞれが自分の思いを言葉で伝え，相手の気持ちや考えに触れる機会が大切になってくる。相手の思いを知り，互いの思いの違いを理解するからこそ，自分の思いを少しずつ抑えることもできるようになる。また，互いのよさに気付くことができるようになるので，考えを出し合って互いのよさを生かしながら，共通の目標を達成する喜びを味わうことができるように援助をする。友達とともに取り組むことでより充実感が味わえるように，子ども同士のやり取りを支える保育者の役割は大きい。

　思いがぶつかり合う場面は，自分と他者の間で気持ちを調整する力が育つ機会となる。保育者がものさしとなり**ルール**を決めるのではなく，子ども自身が友達との関係の中で少しずつ自分を発揮したり抑えたりすることができるように，そのことの大切さが感じられるように援助することが必要である。　　　　　　　　　　　　　　　　　　　　**ルール**

使いたいの？

　12月。3歳のB児とC児はいっしょに汽車を線路に走らせて遊んでいた。しばらくすると「Bちゃんが とったー！」「ぼくが使ってたー！」と青い汽車の取り合いになる。2人の衝突は年度当初から度々あり，毎回こうなると間に大人が入らない限り終わらない。

　取り合いの末，力ずくでB児が青い汽車を手にした。するとC児が「ワーン！」と大きな声で泣いた。B児がおもわず青い汽車をC児に差し出した。

　B児は，これまでは，相手がいくら泣いても怒っても気にも留めることはなかったが，初めて相手の姿を見て驚いたような表情になり反応したのだ。B児は，C児も青い汽車が使いたいことに気付いたのではないか。友達との関わり合いの中で，自分の思いを出してきたからこそ，相手の思いにも触れることができたのかな。

（2）　道徳性，規範意識の芽生え

　道徳性……よい・わるいということなど，世の中にはやってよいことと悪いことがあるということを理解すること。　　　　　　　　　道徳性

　規範意識……ルール・きまりであり，従わなくてはならないものをまもろうとすること。　　　　　　　　　　　　　　　　　　　　規範意識

　幼稚園教育要領や保育所保育指針，幼保連携型認定こども園教育・保育要領によると，葛藤やつまずきを経験しながら，自分以外の人の存在に思いを寄せ，信頼感や思いやりの気持ちが持てるようにすることや，集団生活を通して規範意識が芽生えるように，自己発揮と自己抑制という気持ちの調整力を育むことが重視されている。

1）園生活のきまり

　園生活には，集団生活ならではのきまりがたくさん存在する。鞄をそこらにおいて遊びに行くといざ使おうと思ったときに探して回ることとなる。そういう「たいへん」な経験をするなかで，子どもは鞄は自分の

ロッカーに片づけたほうがいいと実感し習慣として身についていく。それを「ルールだから」と大人が押し付けてしまうことは子どもの育ちにはつながりにくい。「楽しい」という気持ちを基盤にルールを知っていくことができるように，保育者がときに投げかけたり，認めたりする関わりが必要となる。

　そして，友達と生活をともにしながら，自分の気持ちと友達の気持ちとの間で揺れ動きながら，少しずつ「こうした方がいい」と自分で考えて選んだり決めたりすることができるようになっていく。

2）「楽しくできる」ために

　4，5歳になると，子ども同士でルールのある遊びを楽しむことができるようになる。子ども同士でルールを守り，新しいルールを考えて遊ぶこともできるようになっていく。

　自分たちの経験から，もっと楽しく遊ぶためのルールを子ども同士で考えることができるようになる。保育者の援助があることで，子どもたちが主体的に考えることができ，話し合いが展開していく。友達の感情に共感できることは話し合う基盤となり，集団全体が「どうしたらよいか」を考えることができるようになる。ここでは，どうしたらよいか知的に考える前に，当事者の感情を共有することが重要である。それが相手に思いやりを持つことにもつながる。自分の身に起こっていないことでも自分のこととして考えることができるように導き，どうしたらよいか意見を出し合って考えるような場を作っていくことは小学校以降の人間関係形成の基盤となる。

どうしたらいいかなあ？

　６月。天井にカマキリを見つけた５歳児数名。「先生とって！」とお願いされたが，保育者は「どんな方法がいいと思う？」と子どもたちに投げかけた。どうすれば捕まえることができるか作戦会議が始まる。「私，背が大きいから，長い棒持ったら届くかも」竹馬を持ってきて試してみるがあと数センチ届かない。「何か乗れるものないかな」「ペダロに乗る？」「それは危ない」「積み木どう？」次第に自分たちで積極的に意見を出し合うように…。そして，背の高いＤ児が積み木に乗り，竹馬を天井にあててカマキリを捕まえた。一緒に考えた子どもたちの輪に「ヤッター！」と歓声が湧き，嬉しさを共感していた。時間がかかっても子どもたちに任せていくことの大切さを感じた。１人ではできないことも友達と考えを出し合えばやり遂げられると感じるチャンスは日常にちりばめられている。

（3）　小学校との接続

　「**幼児教育三法**」では，社会のなかで力を発揮して生きていくために「何を知っているか，何ができるか」「知っていること・できることをどう使うか」とともに，「どのように社会・世界と関わり，よりよい人生を送るか」ということが示され，その内容として「主体性・多様性・協働性，学びに向う力，人間性など」があげられている。

　保育者は，子どもが身近な大人との愛着関係を基盤として，自己が十分に発揮できるようになること，また他者とぶつかり合う中で自己と他者との間でどうあるべきか考えるようになること，お互いによりよいあり方に向かうためのルールやきまりに気づいたりすることといった「子どもの人間関係のなかでの発達」を支える。こういった乳幼児期の育ちを基盤として，さらに小学校でも新しい人間関係を自ら築き，関心を持ったことに主体的に関わり探求しあい，学びを深めていくことができるようにつなげていくためにも，幼児教育における人間関係の育ちのプロセスを小学校以降の教育に引き継いでいく必要がある。

幼児教育三法

【参考文献】
1）岩立京子・西坂小百合編著『保育内容　人間関係［第2版］』光生館，2021 年
2）無藤　隆・古賀松香編著『社会情動的スキルを育む「保育内容　人間関係」』北大路書房，
　　2016 年

お薦めの参考図書

①　湯汲英史『0〜6歳子どもの社会性の発達と保育の本』学研，2015 年
②　佐々木　晃『0〜5歳児の非認知的能力』チャイルド本社，2018 年

ま　と　め

1 　乳児は大人の養育行動を引き出す能力を生まれながらに持っている。

2 　身近な大人の関わりにより乳児の不快がやわらぐその繰り返しの中で，特定の人と愛着関係を確かなものにしていく。

3 　指差しは，「わたし」の世界を共有してくれる存在として，相手に期待を持っている姿である。

4 　大好きな人の前で自己を思いきり主張するからこそ，相手の反応に触れ，少しずつ相手の思いに気付くことができるようになっていく。

5 　保育者の存在という安心に支えられ，集団の中で自己を発揮するようになる。

6 　思いがぶつかり合う場面は，自分と他者の間で気持ちを調整する力が育つ機会となる。

7 　ルールの大切さは，「楽しい」という気持ちを基盤に知っていくことができるように，保育者が投げかけたり認めたりする関わりが必要となる。

8 　自分の身に起こっていないことでも自分ごととして考えることができるように導き，どうしたらよいか意見を出し合って考えるような場を作っていくことは人間関係形成の基盤となる。

第3章

領域「人間関係」の理解

　幼児教育における領域とは，乳幼児期の子どもが成長していく過程で必要な視点であり，領域ごとに「乳児期」「満1歳以上満3歳未満」「満3歳以上」それぞれの発達年齢に応じた「目標」「ねらい」「内容」「内容の取扱い」が示されている。本章では，領域「人間関係」に示されているものと，この領域に関わる「幼児期の終わりまでに育ってほしい姿」の項目も含めながら領域「人間関係」について考える。

 ## 「目標」と「ねらい」「内容」

（1）領域「人間関係」の目標

　領域の中でも「人間関係」は，とくに**人と関わる力を育む**ために必要な視点である。人は人と関わってこそ成長していく。他者との関わりの中でさまざまなことを経験し，生きていくために必要な力を育んでいくのである。ぜひ自分が経験してきたことも振り返りながら学んでほしい。

人と関わる力を育む

1）乳児期の「目標」

　保育においては養護と教育の両方が大切であるとされている。養護とは，情緒の安定と生命の保持のことであり，他者と親しむためには子どもがいる環境がまず**心理的に身近な環境**であること，また周囲の人に安心感をもてることを大切にしたい。乳児期はとくに養護が必要であり，保育現場において保育者の愛情は欠かせないものである。

心理的に身近な環境

　幼稚園教育要領，保育所保育指針，幼保連携型認定こども園教育・保育要領（以下，要領・指針）において乳児期の「ねらい」「内容」は，「領域」ではなく「**3つの視点**」で示している。汐見は，乳児期は領域にあ

3つの視点

る「言葉」が喃語だったり，「人間関係」も多くが保育者や保護者に限定されるなど，5領域の「ねらい」「内容」でとらえるにはムリが生じ，発達の評価が難しいと考えられるため，「身体的発達に関する視点『健やかに伸び伸びと育つ』」「社会的発達に関する視点『身近な人と気持ちが通じ合う』」「精神的発達に関する視点『身近なものと関わり感性が育つ』」の「3つの視点」で示されていると述べている[1]。

この「3つの視点」の中で，領域「人間関係」に関連する視点は「社会的発達に関する視点『身近な人と気持ちが通じ合う』」であり，「目標」は要領・指針に以下のように示されている（ただし幼稚園教育要領は満3歳以上のみで，乳児期，満1歳以上満3歳未満の記載はない）[2]。

> 受容的・応答的な関わりの下で，何かを伝えようとする意欲や身近な大人との信頼関係を育て，人と関わる力の基盤を培う。

文言に着目してみると語尾に「基盤を培う」とある。乳児は，とくに周囲の環境（物的・人的）と五感を通して関わっている。まず身近な人（主な養育者，保育者など）との日々の関わりの中で**愛着関係**を築き，生きていくうえで必要な**人と関わる力の基盤**を培うことが大切なのである。保育者は自分自身が身近な存在であることを忘れず，日々の保育の中で乳児の行動を受け止め，言葉を投げかけたりしながら愛情深く関わり，人と関わる力の基盤を丁寧に育むことが大切である。

愛着関係

人と関わる力の基盤

2）満1歳以上満3歳未満，満3歳以上の「目標」

次に，満1歳以上満3歳未満と満3歳以上の目標は要領・指針には以下のように示されている[3]。要領・指針すべて共通した文言が記され，どの保育現場でも等しく子どもの育ちを支えられるようになっている。

> 他の人々と親しみ，支え合って生活するために，自立心を育て，人と関わる力を養う。

人と関わるためにはまず自分を知り，相手を知って受け入れながら自己発揮することが求められよう。さらに「自分」だけではなく「集団の

中の自分」を知ることも，社会の中で生きていくためには必要である。

　文言に着目してみると，まず「親しみ」という言葉がある。満1歳以降も乳児期と同様に身近な人との信頼関係が子どもの人と関わる力の育ちにおいて重要である。**安心・安全な環境**の中でこそ子どもはもっている力を思う存分発揮することができるだろう。保育者は日々の生活や遊びを子どもと共につくりながら，1人1人が他者と関わる中でもよさを発揮できるよう，**個と集団**両面の育ちを注意深く見ていく必要がある。

安心・安全な環境

個と集団

（2）領域「人間関係」の「ねらい」「内容」

1）領域における「ねらい」「内容」とは

　乳幼児期は，五感を通した体験の中でさまざまな力が育まれていく。それは保育者が一方的にさせることではなく，**子どもの主体的な活動としての遊び**の中で育まれるものである。また，乳幼児期の教育は環境を通して行われるものであり，**遊びを通した総合的な指導**が求められる。つまり，子どもの生活や遊びの中にある姿から保育を構成していく専門的な力が保育者には求められるのである。

子どもの主体的な活動としての遊び

遊びを通した総合的な指導

　領域に示されている「ねらい」は，保育で何を意図して行うかが示されており，「内容」には「ねらい」を達成するために，乳幼児期に必要かつ園生活の中で子どもに経験してほしいことが示されている。各年齢の「ねらい」「内容」から，子どもに必要な経験とは何か考えてほしい。

2）乳児期の「ねらい」「内容」

　乳児期の領域「人間関係」に関わる視点「社会的発達に関する視点『身近な人と気持ちが通じ合う』」の「ねらい」「内容」を以下に示す（表3-1)[4]。

　文言に着目すると，「安心」「愛情」「信頼」などが記されている。「目標」でも述べたように，とくに人と関わる力の基盤が育まれる乳児期は養護の部分が重要である。五感を通して自分の存在や周囲の環境を知り，人への信頼の基を育んでいく。保育現場では，保育者が子どもにとっての「**安心基地**」になれるよう愛情を込めて丁寧に関わってほしい。

安心基地

1　ねらい (1)　安心できる関係の下で，身近な人と共に過ごす喜びを感じる。 (2)　体の動きや表情，発声等により，保育教諭等と気持ちを通わせようとする。 (3)　身近な人と親しみ，関わりを深め，愛情や信頼感が芽生える。 **2　内容** (1)　園児からの働き掛けを踏まえた，応答的な触れ合いや言葉掛けによって，欲求が満たされ，安定感をもって過ごす。 (2)　体の動きや表情，発声，喃語等を優しく受け止めてもらい，保育教諭等とのやり取りを楽しむ。 (3)　生活や遊びの中で，自分の身近な人の存在に気付き，親しみの気持ちを表す。 (4)　保育教諭等による語り掛けや歌い掛け，発声や喃語等への応答を通じて，言葉の理解や発語の意欲が育つ。 (5)　温かく，受容的な関わりを通じて，自分を肯定する気持ちが芽生える。

※保育所保育指針では，文章内の「保育教諭等」が「保育士等」，「園児」が「子ども」と記されている。

3）満1歳以上満3歳未満，満3歳以上の「ねらい」「内容」

　乳児期を経た満1歳以上でも，人と関わる力を育むための「ねらい」と「内容」は発達年齢に応じて示されている。要領・指針の記載内容を実際に見比べながら考えてみよう。要領・指針の満1歳以上満3歳未満と満3歳以上の「ねらい」「内容」を以下に示す（表3-2)[5]。

【グループワーク】

　3～4人のグループを作り，各年齢の文章の書き方や使われている文言などに着目し，気づいたことや感じたことなどを話し合い（10分程度），各グループで出た意見を発表してみよう（1グループ2分程度）。

● 表3-2 ●　幼保連携型認定こども園教育・保育要領　満1歳以上満3歳未満と満3歳以上の「ねらい」「内容」

	満1歳以上満3歳未満	満3歳以上
ねらい	(1)　幼保連携型認定こども園での生活を楽しみ，身近な人と関わる心地よさを感じる。 (2)　周囲の園児等への興味・関心が高まり，関わりをもとうとする。 (3)　幼保連携型認定こども園の生活の仕方に慣れ，きまりの大切さに気付く。	(1)　幼保連携型認定こども園の生活を楽しみ，自分の力で行動することの充実感を味わう。 (2)　身近な人と親しみ，関わりを深め，工夫したり，協力したりして一緒に活動する楽しさを味わい，愛情や信頼感をもつ。 (3)　社会生活における望ましい習慣や態度を身に付ける。
内容	(1)　保育教諭等や周囲の園児等との安定した関係の中で，共に過ごす心地よさを感じる。 (2)　保育教諭等の受容的・応答的な関わりの中で，欲求を適切に満たし，安定感をもって過ごす。 (3)　身の回りに様々な人がいることに気付き，徐々に他の園児と関わりをもって遊ぶ。 (4)　保育教諭等の仲立ちにより，他の園児との関わり方を少しずつ身につける。 (5)　幼保連携型認定こども園の生活の仕方に慣れ，きまりがあることや，その大切さに気付く。 (6)　生活や遊びの中で，年長児や保育教諭等の真似をしたり，	(1)　保育教諭等や友達と共に過ごすことの喜びを味わう。 (2)　自分で考え，自分で行動する。 (3)　自分でできることは自分でする。 (4)　いろいろな遊びを楽しみながら物事をやり遂げようとする気持ちをもつ。 (5)　友達と積極的に関わりながら喜びや悲しみを共感し合う。 (6)　自分の思ったことを相手に伝え，相手の思っていることに気付く。 (7)　友達のよさに気付き，一緒に活動する楽しさを味わう。 (8)　友達と楽しく活動する中で，共通の目的を見いだし，工夫したり，協力したりなどする。

ごっこ遊びを楽しんだりする。	(9) よいことや悪いことがあることに気付き，考えながら行動する。 (10) 友達との関わりを深め，思いやりをもつ。 (11) 友達と楽しく生活する中できまりの大切さに気付き，守ろうとする。 (12) 共同の遊具や用具を大切にし，皆で使う。 (13) 高齢者をはじめ地域の人々などの自分の生活に関係の深いいろいろな人に親しみをもつ。

※文章内の「保育教諭等」が，保育所保育指針では「保育士等」，幼稚園教育要領では「先生」と記されている。また「幼保連携型認定こども園」が，それぞれ「保育所」「幼稚園」と各現場に合わせて置き換えられる。

　各年齢の「ねらい」「内容」を見てどのようなことに気付いただろうか。たとえば「満1歳以上満3歳未満」では，気付いたり感じたりすることなどを大切にしており，**心情・意欲・態度**をもとにまず個の育ちに焦点をあて，次第に集団の育ちへもつながっていることが窺える。

心情・意欲・態度

　そして満3歳以上では，個だけではなく集団にも焦点をあて，気付くだけではなく身に付けたり実際に行動することなどが示されている。つまり，「ねらい」「内容」は，各年齢の発達段階だけではなく発達のつながりを踏まえているのである。こうした**発達の連続性**も大切にし，それぞれの発達段階と**育ちの見通し**をもちながら，子どもと共に保育を営んでいくことを心掛けたい。

発達の連続性
育ちの見通し

　また，子どもが「自分」を知ることも大切である。そのためには，客観的に自分を見る必要があるが，それは他者と関わることで気づきが得られる。領域「人間関係」に示されているような「ねらい」をもち，「内容」を丁寧に保育に取り入れることで，これからの時代を生きる子どもたちに必要な力が育まれていくのではないだろうか。

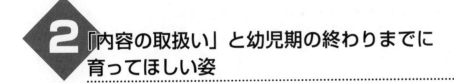

2 『内容の取扱い』と幼児期の終わりまでに育ってほしい姿

（1）「内容の取扱い」とは

　各領域の「内容の取扱い」には，「ねらい」「内容」を実践する際の留意事項が詳細に示されている。「ねらい」「内容」の各項目だけで保育を

営むことは難しい。そこで「内容の取扱い」で領域「人間関係」の「ねらい」「内容」を，発達年齢に即して具体的にどう扱っていくかを示しているのである。これらは実践するうえでの**指標**にもなるため，各項目に必ず目を通し，それぞれの発達段階だけでなく発達の連続性を意識して，保育を営むうえで大切にしてほしい。

指標

（2） 領域「人間関係」と幼児期の終わりまでに育ってほしい姿

　幼児期の終わりまでに育ってほしい姿について，詳しくは第1章 ❷ で述べられているが，ここに示された項目は**目標ではなく方向性**であり，5歳児後半までに育まれてくる姿をまとめたものである。つまり，必ず育てなければならないのではなく，その子なりに要領・指針に示された方向性に向かっていれば良いということである。以下に，要領・指針に記されている領域「人間関係」と関連が深い項目を示す（表3-3）[6]。

目標ではなく方向性

● 表3-3 ●　要領・指針の領域「人間関係」に関わる「幼児期の終わりまでに育ってほしい姿」の4項目

《自立心》
　身近な環境に主体的に関わり様々な活動を楽しむ中で，しなければならないことを自覚し，自分の力で行うために考えたり，工夫したりしながら，諦めずにやり遂げることで達成感を味わい，自信をもって行動するようになる。
《協同性》
　友達と関わる中で，互いの思いや考えなどを共有し，共通の目的の実現に向けて，考えたり，工夫したり，協力したりし，充実感をもってやり遂げるようになる。
《道徳性・規範意識の芽生え》
　友達と様々な体験を重ねる中で，してよいことや悪いことが分かり，自分の行動を振り返ったり，友達の気持ちに共感したりし，相手の立場に立って行動するようになる。また，きまりを守る必要性が分かり，自分の気持ちを調整し，友達と折り合いを付けながら，きまりをつくったり，守ったりするようになる。
《社会生活との関わり》
　家族を大切にしようとする気持ちをもつとともに，地域の身近な人と触れ合う中で，人との様々な関わり方に気付き，相手の気持ちを考えて関わり，自分が役に立つ喜びを感じ，地域に親しみをもつようになる。また，幼保連携型認定こども園内外の様々な環境に関わる中で，遊びや生活に必要な情報を取り入れ，情報に基づき判断したり，情報を伝え合ったり，活用したりするなど，情報を役立てながら活動するようになるとともに，公共の施設を大切に利用するなどして，社会とのつながりなどを意識するようになる。

※文章内の「幼保連携型認定こども園」が，保育所保育指針では「保育所」，幼稚園教育要領では「幼稚園」と置き換えられる。

　岩立らは，領域「人間関係」と関わりの深い4項目に示された姿が見られる根底には，基盤として子どもが**身近な大人との愛情豊かな関わり**があり，そのうえでさまざまな経験を重ね，人と関わる力が育まれていくと述べている[7]。領域「人間関係」の育ちを振り返る際，「内容」はも

身近な大人との愛情豊かな関わり

ちろんこの4項目からも見ていく必要があるが，具体的にどのように幼児期の終わりまでに育ってほしい姿を見ていけば良いのだろうか。

無藤は，幼児期の終わりまでに育ってほしい姿を**指導に生かす方法**として，各文末が「～ようになる」とされていることを踏まえ，10の姿を細かく区切り，それぞれに「～経験があるか」を付け，実践振り返りの視点としてはどうかと提案している[8]。たとえば「協同性」は，

> 友達と関わる中で，互いの思いや考えなどを共有し（するような経験があるか），共通の目的の実現に向けて，考えたり，工夫したり，協力したりし（するような経験があるか），充実感をもってやり遂げるようになる（ような経験があるか）。

となり，これらの視点から実践を振り返るということである。ただし，これは方法の1つであり，各項目を丁寧に取り上げながら，子どもの人と関わる力の育ちを振り返り，**活動を見直すヒント**にしてもらいたい。

（3） 子どもの姿に見る領域「人間関係」

　幼児期の終わりまでに育ってほしい姿は，5歳児後半までに育まれてくる姿であり，領域に示されている「内容」は，各年齢で経験してほしいことであると述べた。各年齢の育ちや「人間関係」の内容の詳細については，別の章で学びを深めてほしい。では，本章の最後に事例をもとに領域「人間関係」における**子どもの育ち**を読み取ってみよう。

【グループワーク】
　3～4人のグループで以下の事例について，主に「人間関係」の「内容」や「幼児期の終わりまでに育ってほしい姿」をもとに子どもの姿から気づいたことや，子どもの育ちを読み取ってみよう（15分程度）。そのあと各グループの意見を発表しよう（1グループ3分程度）。
《グループワークの視点》
① 子どもにとって必要な経験があるか。
② この事例における領域「人間関係」の育ちは何か。
③ この事例に保育者としてどう関わるか。

④　保育をどう展開していくか（翌日以降の環境構成や援助・指導など）。

CASE

大縄跳びチャレンジ！（5歳児11月下旬）

　A児と保育者が大縄跳びをしようと大縄を準備していると，徐々に子どもたちが集まってきた。10名程集まったところで，何回飛べるかチャレンジが始まった。最初に飛んだのはA児で，他児は大縄の近くで1列に並び，飛んだ回数を数えながら応援していた。A児は38回目に縄に引っ掛かり「あぁ！残念！」と言いながら列の最後に並び直して他児を応援していた。

　しばらくして，子どもたちから「なぜ足がひっかかるのか」という疑問が出た。そこで大縄跳びを一旦中断して話し合いが始まった。「縄をもっとゆっくり回したらいいんやない？」「もっと足上げた方がいい」「先生の方見るんやなくて，みんなを見た方が飛べる（体を縄を回す保育者に向けるのではなく大縄の横で並ぶ友達に向ける）」などさまざまな意見が出た。その結果，みんなの考えをやってみようということになった。まず縄をゆっくり回してみたが，リズムが取りづらかったのか飛んでいたB児が「遅いのだめ！」と言った。次にC児が足を思い切り上げて飛んでみたが，徐々に足が下がり縄に引っ掛かった。このようにいろいろな飛び方を試してから再び話し合いをした。A児が「最初に何回飛ぶか決めたらどう？」と提案するとそれもやってみようということになった。子どもたちは「10回」「20回」など自分の目標を言ってから飛ぶと，途中で引っ掛かることもあったが「次は絶対〇回飛ぶ！」と目標の回数を言って張り切って並んだ。数を数える子どもも「もう少し！」「いま〇回！」など，途中の数も言うようになっていた。

　そして再びA児が飛ぶ番となった。縄の真ん中に立ち大きな声で「100回！」と言うと歓声が上がった。その日のA児の自己最高記録38回を越えた頃から周囲の子どもたちの声も大きくなっていった。保育者が「あと〇回だよ！」と残りの数を言うと，さらに子どもたちの声に力が入り，「あとちょっとだよ！」などA児に声をかけながら一緒に数えていた。A児は息が荒くなり，表情が歪み始めても最後まで力を振り絞って100回を達成した。「100回！」と言うと同時に，その日一番の歓声が上がった。子どもたちはA児を抱きしめたり，他の保育者に「Aちゃん，100回飛んだ！すごいやろ！」と走って報告しに行く姿も見られた。

　上記の事例からどのような子どもの育ちを読み取っただろうか。大縄跳びは，保育現場でもよく見られる**遊び**である。身体面の発達も必要となる遊びだが，大縄跳びとなると1人で飛ぶ縄跳びとはまた異なる力が必要であろう。また，他者と遊ぶ中で思いや考えを伝え合う「話し合い」が行われ，他者との対話を通した関わりにより，子どもは自分とは

遊び

異なる考えと出会う。「対話」とは異質性を含むものであり，生活や遊びの中にある**対話的な学び**は保育において重要である。こうした毎日の子どもの姿を，よくある遊びや生活の流れとしてとらえるのではなく，日々観察し振り返りながらその育ちを支えていきたい。

対話的な学び

　本章の最初にも述べたが，人は人の中で育つものである。近年 AI 技術などの発展が著しく，近い将来，機械が人に代わりさまざまなことをこなす社会になる可能性もある。しかし，そのような状況になっても，人間発達の原点である重要な乳幼児期に，**人との直接的な関わり**や**実体験**を大切にすることを忘れずにいたい。

人との直接的な関わり
実体験

　また，人と関わる力は集団の中で育つものであり，すべての育ちを支える基盤にもなるだろう。乳幼児期から集団生活をする意味は何だろうか。保育現場には，多様な保育者や友達と刺激を受け合う場面が豊富にある。人と関わる中で摩擦が起き，さまざまな感情を味わい共有するだろう。要領・指針に基づきつつ，子どもも保育者もお互いに刺激し合い，育ち合える関係性を築けるような保育の工夫をしていきたいものである。

【引用・参考文献】
1）汐見稔幸『さぁ，子どもたちの「未来」を話しませんか』小学館，2017 年，pp. 74-80
2）内閣府・文部科学省・厚生労働省『幼保連携型認定こども園教育・保育要領〈平成 29 年告示〉』フレーベル館，2017 年，p. 18
3）前掲書 2），p. 21，p. 27
4）前掲書 2），pp. 18-19
5）前掲書 2），pp. 21-22，pp. 27-28
6）前掲書 2），p. 6
7）岩立京子・西坂小百合編著『保育内容 人間関係』光生館，2018 年，p. 11
8）無藤 隆編著『幼児期の終わりまでに育ってほしい 10 の姿』東洋館出版，2018 年，p. 99

お薦めの参考図書

① 秋田喜代美『保育の心意気』ひかりのくに，2017 年
② 大豆生田啓友編著『「子ども主体の協同的な学び」が生まれる保育』学研，2014 年
③ 高山静子『学びを支える保育環境づくり―幼稚園・保育園・認定こども園の環境構成』小学館，2017 年

ま と め

1 領域「人間関係」は，とくに人と関わる力を育むために必要な視点である。子どもは他者との関わりの中でさまざまな経験をし，生きるために必要な力を育んでいく。

2 領域には，「乳児期」「満1歳以上満3歳未満」「満3歳以上」それぞれに「目標」「ねらい」「内容」「内容の取扱い」が，発達の連続性を踏まえて示されている。保育者は，それぞれの発達段階だけではなく先の見通しをもって保育を営むことが大切である。

3 乳児期は人と関わる力の基盤を培う時期である。その発達段階を踏まえ，5領域ではなく「3つの視点」として「ねらい」「内容」が示されており，領域「人間関係」に関連する視点は「社会的発達に関する視点『身近な人と気持ちが通じ合う』」である。

4 乳幼児期は安心・安全な環境の中で，身近な人との信頼関係をもととして育つ。保育者は子どもの「安心基地」となり，愛情深く丁寧に接することが大切である。

5 領域に示された「ねらい」は，保育の中で何を意図して行うかが示され，「内容」はその「ねらい」を達成するために乳幼児期に必要かつ園生活の中で子どもに経験してほしいことが示されている。また「内容の取扱い」は「ねらい」「内容」を実践する際の留意事項が詳細に示されており，指標としても重要である。

6 幼児期の終わりまでに育ってほしい姿の領域「人間関係」に関わる項目は，「自立心」「協同性」「道徳性・規範意識の芽生え」「社会生活との関わり」の4項目である。これらは目標ではなく方向性であり，5歳児後半までに育まれてくる姿をまとめたもので，保育の振り返りや活動の見直しに活用する。

7 人と関わる力を育むためには，要領・指針に示されたものを踏まえながら，人との直接的な関わりや実体験の中で個と集団両方の子どもの育ちを見る必要がある。

第4章

乳幼児期の依存と自立

1 依存から自立への発達

　わが国における乳幼児保育のガイドラインである『保育所保育指針』
『幼稚園教育要領』『幼保連携型認定こども園教育・保育要領』において，
自立心は「身近な環境に主体的に関わり様々な活動を楽しむ中で，しな
ければならないことを自覚し，自分の力で行うために考えたり，工夫し
たりしながら，諦めずにやり遂げることで達成感を味わい，自信をもっ
て行動するようになる[1)2)3)]」と記されている。子どもは，養育者や保育
者（以下，身近な大人）に依存しながら受容的・応答的な関わりを通して
信頼関係を築く。子どもは，身近な大人との信頼関係を基盤として，
「なんだろう」「不思議だな」と興味や関心をいだいた物事に対して，「触
ってみよう」「やってみよう」と**自発性**を発揮することができる。そして
信頼する身近な大人からの温かい見守りのもとで，自分の力でできる喜
びを知り，難しいことを乗り越えたりやり遂げたりする経験を重ねるこ
とで達成感や充実感を味わうようになる。身近な大人に支えられながら，
自発的で主体的な生活を通して自分の力を知り，自分の力を信じること
で依存的な生活から自立した生活へと発達する。

自立心

自発性

（1）乳児の姿と保育

　生後1年未満の人間の赤ちゃん（以下，乳児）は，自分で歩行し，自ら
の手を使い食事をすることは難しい。乳児は，自分の感情を言葉で伝え
ることはできず，寒くても暑くても自分で体温を調節することは不可能
である。親や身近な大人の保護なしに生きることはできない乳児は，養
育者に依存した存在であるといえる。
　しかし，乳児は養育者に依存した存在であっても，無力ではない。乳

児は，人間として育つ可能性を有し，人間社会で生きるため，育つため
に必要な力を備えて産まれてくる。乳児は，自ら育ち，よりよく育とう
とする力を持っているのである。

原始反射は，自分の意志とは関係なく，特定の刺激に対して表出する
乳幼児期特有の反射動作である。原始反射の1つである探索反射（乳児
の口の周りを刺激すると，上下左右に顔を動かして口を開き乳首を探すよう
な動作をする）や吸てつ反射（乳児は唇に触れたものに吸い付き，舌を動か
して吸う動作をする）は，乳児が母乳やミルクを摂取するために必要な
動作である。乳児には外界の環境に適応し，危険から身を守り，運動機
能の発達のために必要な力が，生まれながらに備わっている。

乳児は，自分の欲求を自らの方法で表現することができる。乳児は，
眠たい・お腹がすいた・おむつが汚れた・暑いといった不快な感情を泣
くことによって周囲に伝えている。乳児の泣き声の周波数は，養育者の
耳に届きやすく，場合によっては周囲の人が不快に感じる特徴がある。
周囲の人は，乳児の泣き声を耳にすることで，乳児の欲求に気づき，泣
き止ませようと養育行動が促される。身近な大人からの助けが必要な乳
児にとって泣くことは，生きるために重要な役割を担っている。

また，乳児は生後2日目には人の顔と他のものを区別し，人の顔を好
んで注目するようになる。新生児模倣や共鳴動作と呼ばれ，乳児が目の
前の人の表情や顔の動きを真似しているような反射動作がみられる。こ
のように，人に関心を示す乳児は，優しく語りかけ，微笑みかける養育
者との応答的な触れ合いを通して，情緒的な絆が形成されるのである。
乳児は，養育者に守られ，受け止められることで気持ちが安定し，機嫌
が良ければ喃語を発したり，手足をばたつかせたり，自らの手をじっと
みつめたりしゃぶったりしながら身体的な感覚を養う。また，養育者の
声かけに反応を示したり，興味をもったものに自ら手を伸ばそうとした
り，養育者の関心を引こうと声を発したり笑いかけたりするようになる。
乳児は，身近な大人に依存する乳児期に，この世界に生きる主体として
存在を温かく受け止められ，愛情豊かで応答的な働きかけにより獲得さ
れた基本的信頼感を拠りどころとして自己を形成するのである。

乳児にとって保育所やこども園などの環境は，目にうつるもの，聞こ

原始反射

探索反射

吸てつ反射

新生児模倣
共鳴動作

基本的信頼感

える音，においなど，すべてが生活の基盤であった家庭とは異なる。いつも傍にいて，温かく抱きしめ，語りかけ，自分を守ってくれる養育者と離れることも不安の要因となる。集団保育の場においても，乳児期は特定の保育者からの愛情に満ちた受容的・応答的な関わりを通して，自らが受け止められていると感じられる生活が求められる。家庭の生活と同じように，自らの不快や不安を泣いて訴えると，親しみを感じる特定の保育者の顔がみえ，優しく抱き上げ語りかけられながら，ミルクを飲むことで空腹の欲求が満たされ，おむつを替えて心地よさを感じ，安定感をもって生活することができる。そのような保育者との信頼関係に支えられた生活の場が乳児の**安心基地**となる。集団生活の場において，乳児自らが生きる世界を信頼すると同時に，この世界を生きる自身を肯定する経験を積み重ねることが重要である。こうして形成された自己意識が，その後の自我の芽生えに繋がり，自立への発達を支える強さとなる。

安心基地

CASE

共鳴動作「おばあちゃん，だいすき」

　A児は，生後40日です。生後30日を過ぎた頃から，実家で生活するようになり，毎日おばあちゃんに抱っこしてもらっています。おばあちゃんは，A児の顔をやさしくみつめながら，ゆっくりと大きく口をあけながら，明るく優しい声で「まー，まー」「まー，まー」と繰り返し，繰り返し，語りかけます。A児は，おばあちゃんの顔や口の動きをじっとみつめています。すると，おばあちゃんの口の動きにつられるように，A児の口がひらいています。おばあちゃんは，A児の姿をみて「じょうずね。『まーまー』って言っているのね」と，嬉しそうに応答しています。A児は，おばあちゃんに抱かれながら，お話しをする時間が大好きです。

ーA児母のおたよりよりー

（2）　1歳以上3歳未満の子どもの姿と保育

　乳児期後半には，はいはいや伝い歩きができるようになり，自分の意志で移動し，目にうつるものに興味を示し，自らの手を伸ばして，つかもうとする姿がみられるようになる。1歳を過ぎると**運動機能**の発達が著しく，歩く，走る，体を揺らす，回る，手をたたく，ものをつまむ，

運動機能

握るなど，自分の意志で体を動かす感覚を楽しむ姿がみられるようになる。運動機能が発達することで，自らの欲求を自らの行動で充足できる力が育つことは自立の基礎となり，「自分でやってみよう」とする気持ちを育てるとともに，**自発的**に自ら進んで行動しようとする意欲につながる力となる。

自発的

とくに，これまで養育者に依存していた「食事・睡眠・排泄・衣服の着脱・清潔」といった**基本的生活習慣**への関心が高まり，自分でしようとする姿が顕著にみられる。具体的には，１歳になると手指の運動機能や食べ物を咀嚼する力も発達し，自分で食べようとする姿がみられるようになる。大人と同じようにスプーンや箸を使って食べようとするが，最初は食べ物を上手に口まで運ぶことができず，こぼしたり汚したりすることも多い。この時期は，自分でしたいという**自立への意欲**が強くなる一方で，自分の思うようにできなかったり，物事がうまく進まなかったり，思いが受け入れられなかったりすると，泣いたり，かんしゃくを起こして体をのけ反らしたり，ひっくり返ったりする姿もみられる。

基本的生活習慣

自立への意欲

２歳を過ぎると，次第に箸や食器を上手に扱うことができるようになる。好んで食べる食材や苦手な味や食材もわかるようになり，箸を使って苦手なものを上手によけて食べる子どももいる。また，言葉の理解が進み，「こっちがいい」「もっと食べたい」「あっちに行きたい」と，自分のしたいこと，して欲しいことを言葉で伝えようとする姿もみられる。順調に自立へと進んでいるようにみえるが，一方で自我が芽生え始めることで，自分の思いをわかって欲しい，受け止めて欲しいという欲求も強くなり，身近な大人へ依存する姿もある。具体的には，１人でできていた着替えや食事や移動の際に，「できない」「して」と助けを求め，自分でしようとしない姿がある。子どもは，自分でできる喜びを重ねることで自立へと歩を進め，困ったりできないと感じたり，寂しかったり怖くなったときに助けを求めたら身近な大人が助けてくれる，守ってくれるという安心感に支えられ，自立と依存を行きつ戻りつしながら成長する。

集団保育の場においては，**自立と依存**の間で揺れ動きながら成長する幼児期の発達特性を理解し，保育者が温かい心とひろい眼差しで子ども

自立と依存

の傍らに寄り添い，**安心基地**となることが重要である。また，保育者は
子どもの不安や悔しさや葛藤する心に対し，ときには**安全基地**となり，
甘えたくなる気持ちを受け止め，互いの心が通い合う応答的なかかわり
を通して信頼関係を築くことが求められる。子どもは，ありのままの自
分を受け止めてもらえることで保育者への信頼を拠りどころとして，自
我を形成していく。

安心基地

安全基地

■ CASE

自立と依存「自分で！やっぱりできない…」

　B児は，2歳を過ぎた頃から「自分で！」が口癖で，どんなことでも自分でしたい，自分がすると言って私の言うことを聞いてくれません。家族で外出するときのことです。駅までの道のりは坂が多く，大人が歩いても20分はかかります。バギーに乗って行こうと伝えると「いやだ」「自分で」と言い出しました。夫が「無理だから」「遠いから」と言っても，「自分で！」の1点張り。予定もあり，家を出る時間が迫っていたので，夫がしぶしぶ歩くことを受け入れ，「絶対歩けるね？」「抱っこしないよ」と，2人で固く約束し，出発です。父親に思いを受け止めてもらったB児は，足取りも軽く鼻歌交じりで歩いていました。しかし，100m過ぎた頃から様子がかわり「はぁ，はぁ」言い出したかと思ったら，「歩けない」と座り込みます。夫がB児に「歩くと言ったでしょ」「約束したよね」と語りかけると「できないの」と泣き出します。結局，夫が抱いて駅まで歩いてくれました。B児の「自分で」に付き合うのにこれほど体力と忍耐力が必要だと思っていませんでした。

―B児母のおたよりより―

（3）　3歳以上の子どもと保育

　3歳児になると，基本的生活習慣は自分でできるようになり，自分の
身の回りのことを進んでしようとする**身辺自立**の姿がみられる。具体的
には，箸を使って食事をしたり，靴が履けるようになったりする。また，
思考力も育つことでブロックの種類や色を分けて片付けをしようとした
り，自分の服を選んで着替えをしようとしたり，自分なりに考えたり工
夫しようとしたりする。

　3歳児は**排泄**の自立が確立に向かう時期でもある。おむつが外れるま
でには，時間がかかる子どももいる。排泄の自立は，**尿意**を感じられる

身辺自立

思考力

排泄

尿意

ようになるとともに，膀胱の発達が重要となる。自分でしたい気持ちは
あっても，尿意を感じてから排尿までのタイミングが合わなければ，排
尿が間に合わない場合もある。3歳ごろからは，羞恥心や罪悪感など複
雑な**心情面**の発達も著しい。身近な大人が温かく見守り，うまくいかな 心情面
かった気持ちに寄り添い，自立へと向かうように支える必要がある。

　4歳を過ぎると，基本的生活習慣の自立は，ほぼ確立される。同時に，
自分の好きな遊びや友達との関わりも増えることで，楽しいことが優先
されるようになり，片づけや整理整頓など，やるべきことを後回しにし
たり，養育者任せにしたりする姿もある。身近な大人は，できたか・で
きなかったかという結果だけをみて，頭ごなしに否定するのではなく，
子どもの気持ちや状況を受け止めることが重要である。身近な大人が子
どもの気持ちに寄り添い考えを尊重しながら，なぜそうなったのか，ど
うしたらよかったのかなど，自分なりに振り返る機会を持つことが，自
分で考え，判断し，行動しようとする，**自立心**の育ちにつながる。 自立心

　5歳を過ぎると，基本的生活習慣だけでなく，身辺自立も確立する。
具体的には，食事の前には手を洗う，本を読み終えたら本棚に片づける，
服が汚れたら着替えるなど，身近な大人に指示されなくても自分で考え
て次の行動に移れるようになる。このとき，身近な大人は，できること
が当たり前とせず，子どもが自立的な生活を通して気づいたこと，自分
で取り組んだこと，最後までやり遂げようとしたことなど，経験の過程
全体をとらえて認めることが大切である。1人1人の子どもが充実感や
達成感を得て，**自己肯定感**を高めることで自分を信じる力が育つ。 自己肯定感

　集団保育の場において子どもは，保育者との信頼関係が結ばれた生活
の中で，**自己発揮**することができる。ときには，何でも自分でしたいと 自己発揮
意地をはったり，1人でできると頑固に自分の意見を押し通そうとし
たりする姿もある。反対に，思い通りにならず，困ったり不安になったり
すると，落ち込み，投げ出そうとしたり保育者に助けを求めたりする。
保育者は，子どものわがままや自己中心的に感じる姿を自分の力でやろ
うとする自発性や意欲の表れとして肯定的にとらえ，子どもの**安全基地** 安全基地
として子どもの不安な感情を受け止める存在となることが大切である。
保育者への留意事項として『保育所保育指針解説』には，「身の回りの

● 表 4-1 ●　子どもの自立心を育むために求められる保育者の役割と配慮

① 肯定的なまなざしで，子どもの行動に温かい関心を寄せる。
- やたらに褒めたり，励ましたり，付きまとったりすることではない。
- 大人の判断基準にとらわれず，子どものありのままの姿をそのまま受け止め，期待をもって見守る。
- 「待つ」「見守る」ことは，子どものすることをそのまま放置して何もしないことではなく，子どもが他者を必要とする時に，それに応じる姿勢を常にもつ。

② 心の動きに応答する。
- 子どもが多様な感情を体験し，試行錯誤しながら自分の力で行うことの充実感や満足感を味わうことができるようにする。
- 子どもの心の動きに対して柔軟な応じ方をする。
- 保育者が答えを示すのではなく，子どもの心の動きに沿って共に心を動かしたり，知恵を出し合ったりする関わり方が必要。

③ 共に考える。
- 言葉だけで意見や知恵を出し合うことではない。
- 相手の立場に立って，相手の調子に合わせて考えようとする姿勢が必要。
- 相手と同じことをやってみることや，そばに寄ったり，手をつないだりすることなどによって，体の動かし方や視線といった言葉にならないサインを感じ取る。
- 結果よりも子どもと一緒に過ごし，その心に寄り添いながらその子どもらしい考え方や思いを大切にする。
- 子ども一人一人の発達に応じて，思いや考えを引き出したり，考えが広がるようなきっかけを与えたりする。

④ 子どもなりの達成感を味わう経験を支える。
- 子どもの表情や仕草，体の動きから子どもの気持ちを読み取る。
- 子どもが見通しをもてるように共に考え，やり方を知らせる。
- 子どもを励まし，自分の力でやり遂げることができるよう子どもの心に寄り添いながら支える。
- やり遂げた達成感を子どもが十分に味わえるよう，共に喜び言葉にして伝える。

出典：厚生労働省編『保育所保育指針解説〈平成 30 年 3 月〉』フレーベル館，2018 年，pp. 218-219 より抜粋

ことについて先を急ぐあまり，型にはめ込み，大人の手がかからなくなることばかりを求めてしまうと，言われた通りにしか行動することができないことになり，かえって子どもの自立を妨げる結果になってしまうことがある[4]」と注意喚起がなされている。また，『保育所保育指針解説』に示されている保育内容・領域「人間関係」の「（ウ）内容の取扱い」には，子どもが自立した生活を確立し，自分の力を信じ，自分の力で行うことの充実感を味わうことを通して自立心を育むために求められる保育者の役割や配慮事項が示されている（表 4-1 参照）。

　保育者は，こどもの育ちを**画一的**にとらえることなく，1 人 1 人の発達の実情を踏まえながら，そのときの子どもの気持ちやその子どもなりの考えを尊重した関わりが求められる。

画一的

2 自己主張（自己発揮）と自己統制

（1） 自我の育ちと保育

　子どもは，１歳を過ぎると運動機能の発達が著しくなり，周囲の環境や人にも興味を示し始める。身近な大人との応答的で温かい関係性を安心基地として，探索活動も活発になる。また，言葉の理解も進み，身近な大人の「ダメ」や「おしまい」など，自分の行動を制止される言葉に対して，泣いたり，ひっくり返ったりして，自分の欲求を訴える姿がある。このように，自分の意志を持ち，自分の思いと異なる大人の反応に対して自己を押し通そうとする姿から，子どもの**自我の芽生え**を感じることができる。

自我の芽生え

　２歳を過ぎた頃には言葉の発達が著しく，自分の思いを言葉で主張する姿が表れてくる。子どもは，喜び，悲しみ，怒り，恐怖，不安といった複雑な**情動**が表れる。身近な大人の反応が自分の思いと異なる際には，「きらい」「しない」「いや」など，否定的で拒否的な言葉を使い，反抗的な態度を示し，強く**自己主張**する姿がある。子どもは，伝えられている内容は理解できても，気持ちや感情のコントロールができずに泣いたり，物を投げたりしながら自分の感情が受け入れられないことがあることを知り，やりたい気持ちと我慢しないといけない気持ちの中で葛藤する。こうした**葛藤体験**は自他の理解を深め，自我の発達過程において重要である。身近な大人は，わがままで，反抗的にみえる姿を一方的に抑制したり否定したりせず，落ち着いて子どもの情動を受け止め，納得して自分で気持ちを落ち着かせるまで寄り添う姿勢が求められる。子どもは身近な大人から，複雑な情動や反発する姿も含め，ありのままの自分を受け止められる経験を重ねながら自己有用感を育て，自我を形成する。

情動

自己主張

葛藤体験

　３歳頃には，身近な環境への興味や関心も高まり，自分から積極的に関わるようになると，同年代の子ども同士の関わりも増える。集団保育の場においては，遊びが豊かになり，仲間とのつながりが深まる中で，

道具の取り合いや順番をめぐり衝突し，自己主張をぶつけ合い，葛藤を経験する場面も増える。『保育所保育指針解説』には，人間関係の深まりは，「他の子どもとの関わりにおいて，自分の感情や意志を表現しながら，時には自己主張のぶつかり合いによる葛藤などを通して互いに理解し合う体験を重ねる中で育まれていく⁵⁾」と記されている。保育者はどちらが「いい・悪い」を判断するのではなく，互いが主張する「やりたい気持ち」を十分に受け止めることが大切である。

　とくに，保育者は，解決を急ぎ，一方的に「交代」「じゃんけん」「早い者勝ち」，といった安易な解決方法を示すのではなく，互いがやりたい思いを持っていることを知る機会を**仲立ち**する必要がある。保育者は，子どもが自己主張する姿は，自我を育てるために必要な経験ととらえ，1人1人の子どもの気持ちの動きや表情を丁寧に見守りながら，子どもが安心して自己を発揮できる環境をつくることが大切である。保育者は，子どもが抱いた興味や関心を尊重し，それぞれのやりたい思いを認めながら，自分と同じように友達にもやりたかった気持ちがあることを知り，ときには**我慢**をしたり譲り合ったりする必要があることを理解していくようにすることが大切である。

仲立ち

我慢

（2）　自己主張と自己統制

　子どもは，自立した生活を通して自分の力を信じ，自分の力で行うことの充実感を味わうことを通して自立心が育つ。集団保育の場においては，みんなで安心・安全で気持ちよく生活するために必要なさまざまな**きまり**がある。基本的生活習慣の形成に関わる場面において，『保育所保育指針解説』では「単にある行動様式を繰り返して行わせることによって習慣化させようとする指導が行われがちであるが，生活に必要な行動が本当に子どもに身に付くためには，自立心とともに，自己発揮と自己抑制の調和のとれた自律性が育てられなければならない⁶⁾」と指摘されている。確かに，集団生活の場においては，先生に言われるから，約束だから，叱られるから，守らないといけないから，という理由できまりが守られていることがある。しかし，子どもにとっては，なぜきまりが必要なのか，きまりを守らないとどうなるのかが分からない場合もあ

きまり

る。大人が決めたルールやきまりを子どもに守らせるだけでなく，子ど
もがルールやきまりの**必要性**を感じ，よりよい生活のために子どもが考 必要性
え，子どもらしいやり方できまりをつくり解決できる機会を集団保育の
場においても保障することが必要である。

　また，自分の好きな遊びややりたいことをみつけ，自分の思いや考え
を持ち，ときにはぶつかり合い葛藤を体験し，身近な大人に支えられな
がら，達成感や満足感を味わうことが自立心を高め，自我が発達してい
く。子どもは，「集団生活や友達との遊びを通して，これらのきまりが
あることに気付き，それに従って自分を抑制するなどの自己統制力を
徐々に身に付けていく[7]」ものである。そのため，保育者は，「子どもの
自己発揮と自己抑制の調和のとれた発達の上で，自己主張のぶつかり合
う場面は重要な意味をもっていることを考慮[8]」した保育を構成する必
要がある。

　具体的には，集団保育の場で経験する遊びや行事などを通して，考え
がぶつかり，話し合い，ときには我慢して相手に譲ることで**折り合い**を 折り合い
付けることの必要性を理解する。保育者は，子どもが集団生活の中で互
いに目的を共有し，その目的を実現する過程の中で生じる問題を自分た
ちで解決しようとする姿を育てることが必要である。また，友達関係が
深まり仲間との関係性が表れた頃には，子どもはグループに所属し，仲
間と共に取り組む楽しさを通して，役割を分担したり，一緒に考えたり，
力を合わせたりしながら，**協同的**な活動にも取り組むようになる。この 協同的
ように，他の子どもと思いや考えを出し合いながら，協力してやり遂げ，
達成感を味わうことは，子どもに自信や自己肯定感を育むとともに，子
どもの自己発揮と自己抑制の調和のとれた自律性の育ちとなる。

【引用文献】
1）厚生労働省編『保育所保育指針解説〈平成 30 年 3 月〉』フレーベル館，2018 年，p. 66
2）文部科学省『幼稚園教育要領解説〈平成 30 年 3 月〉』フレーベル館，2018 年，p. 56
3）内閣府・文部科学省・厚生労働省『幼保連携型認定こども園教育・保育要領解説〈平
　成 30 年 3 月〉』フレーベル館，2018 年，p. 52
4）前掲書 1），p. 207
5）前掲書 1），p. 70
6）前掲書 1），p. 201
7）前掲書 1），p. 215

8）前掲書1），p.210

【参考文献】

1）厚生労働省編『保育所保育指針解説〈平成 30 年 3 月〉』フレーベル館，2018 年
2）文部科学省『幼稚園教育要領解説〈平成 30 年 3 月〉』フレーベル館，2018 年
3）内閣府・文部科学省・厚生労働省『幼保連携型認定こども園教育・保育要領解説〈平成 30 年 3 月〉』フレーベル館，2018 年
4）河原紀子監『0 歳～ 6 歳子どもの発達と保育の本』学研，2011 年
5）E.H.エリクソン，仁科弥生訳『幼児期と社会Ⅰ』みすず書房，1980 年

お 薦 め の 参 考 図 書

① 厚生労働省編『保育所保育指針解説〈平成 30 年 3 月〉』フレーベル館，2018 年
② E.H.エリクソン，仁科弥生訳『幼児期と社会Ⅰ』みすず書房，1980 年
③ 柏木恵子『幼児における「自己」の発達』東京大学出版会，1988 年

ま と め

1 子どもは，身近な大人に依存しながら受容的・応答的な関わりを通して信頼関係を築いていく。

2 子どもは，身近な大人との信頼関係を基盤として，興味や関心をいだいた物事に対して自発性を発揮することができる。

3 子どもは，自立と依存を行きつ戻りつしながら成長する。

4 保育者は，子どものわがままや自己中心的に感じる姿を，子どもの自分の力でやろうとする自発性や意欲の表れとして肯定的にとらえる必要がある。

5 自分の欲求を訴え，自分の思いと異なる大人の反応に対して自己を押し通そうとする姿は，子どもの自我の芽生えの姿である。

6 子どもは，伝えられている内容は理解できても，気持ちや感情のコントロールができずに葛藤する。こうした葛藤体験は自他の理解を深め，自我の発達過程において重要である。

7 生活に必要な行動が本当に子どもに身に付くためには，自立心とともに，自己発揮と自己抑制の調和のとれた自律性が育てられなければならない。

8 子どもがルールやきまりの必要性を感じ，よりよい生活のために子どもが考え，子どもらしいやり方できまりをつくり解決できる機会を集団保育の場においても保障することが必要である。

第5章

幼児期の道徳性・規範意識の芽生えと保育

1 幼児期における道徳性の芽生え

（1） 子どもをめぐる社会情勢における道徳性の育成

　子どもの心を育てることや道徳性の発達を促進させることは，教育や保育の基本であり，道徳性の基盤を幼児期から培うことは，文明が進化し，新時代の到来を迎えても必要なことである。どのような社会（たとえば IT 社会や多文化共生社会）が訪れようと，大人は子どもが他者と共生しつつ調和的に生きていけるように，社会化（しつけを含む）を行う。そして，共に生きていく中で自分や社会がもつ価値観を共有したり創造したりするということを無意識に学んでいく。

　その際，子どもは家庭，地域社会，子ども集団の中と同心円的に生活世界を広げ，自然に学び取っていくことも多かったと思われる。しかしながら現代では，少子化，都市化はもとより急速な情報化の渦に巻き込まれ，子どもをめぐる状況や環境が急激に変化していくにつれ，その過程がかなり複雑になっているようである。また，価値観が多元化相対化する中で大人も自信をもってしつけを行うことすら困難になってきている。

　このような状況にあって，幼児期からの心の教育の重要性がクローズアップされ，中央教育審議会答申において「**幼児期からの心の教育の在り方について**[1]」が提言され，早 20 年以上が経過している。それは，2004（平成 16）年にスタートした「**キャリア教育**[2]」や 2015（平成 27）年の道徳の教科化へと引き継がれている。さらに，いじめや校内暴力，不登校などの深刻な状況を踏まえ，「教師はカウンセリングマインドを身につけよう」という提案から，2020（令和 2）年 4 月より小学校から順

幼児期からの心の教育の在り方について

キャリア教育

次実施されている**新学習指導要領**の中で初めて「**カウンセリング**」とい 新学習指導要領
カウンセリング
異年齢交流
う言葉が用いられることになった。この他，子どもの社会性が育つ「**異
年齢交流**」を図る教育活動の推進には，幼児との交流も意図していると
考えられる。

　このような社会情勢の中，「幼児期における道徳性の芽生え」につい
て今一度整理・理解し，実践に活かすためにはどのようにすべきかにつ
いて考えていくことは，子どもたちを指導・援助・保育していく立場に
ある者にとっては最重要課題と言っていいだろう。

（2）　道徳性の芽生え

　道徳性というものについて，人がそれを生得的にもっているのか，あ 道徳性
るいは後天的に身につけていくものなのかについては，動物行動学や進
化心理学，赤ちゃん学の領域において今なお議論されている。古くは旧
文部省教科調査官であった金井肇氏の構造化理論[3)4)]に代表されるように，
価値意識は生まれたときには0で後天的に教育によって培われるとする
考えが一般的であった。しかし，近年ハムリン（Hamlin, J. K.）らの研究
では，ある種の道徳的基盤は生得的にもって生まれてくることを示唆し
ている[5)]。つまり，筆者もそう考えるが，道徳的感情はたとえ萌芽的な
ものだとしても乳児は生得的にもっているとの考えである。

　しかし，子どもが人間社会の中に生まれてきて，教育や子育ての過程
を経て，どのように道徳的価値や規則を学び，道徳性を芽生えさせるの
かが重要であることは言うまでもない。

（3）　自 己 主 張[6)]

1）受容されているという安心感

　子どもは社会の中で生まれ，まず多くは母親を中心とした家族との結
びつきをつくる。ここでの対人関係は，「依存―保護」の関係にある。乳
児は，この保護者（主に母親）との間に**愛着**（attachment）といわれる緊 愛着
密な**情緒的絆**（emotional bonding）を形成していく。そして，保護者と 情緒的絆
のゆったりとした安心感（受容されているという安心感）に溢れる人間関
係を基盤に，徐々に広い範囲の他者との関わりの世界を広げていくので

ある。

　一方，近年このもっとも初期の受容的安心感が崩壊の危機にさらされているとも言われている。たとえば，「ながら授乳」である。授乳という行為は，保護者にとっても乳児にとっても人間関係を形成していくうえで重要な役割を果たしている。それは単にお乳をあげてお腹を満たすという行為だけではない。互いの目を見つめ合い，微笑み返しを行いながら，優しい言葉掛けを行って安心感を形成していくのである。それがテレビや携帯電話，あるいは携帯音楽プレイヤー，タブレット端末などのIT機器の普及から「〜しながら」授乳を行うことによって，子どもの心の形成にも悪影響を及ぼし始めているというのである。子どもにとって保護者から完全に受容されているという安心感なしには，保護者から離れていくことは困難であると言わざるを得ないのに…である。

２）関係性からの自我の発達（自己主張）

　さて，こうした受容されているという安心感のもとで育った子どもは，いよいよ保護者のもとを離れ探索活動を始めていく。さまざまな他者との関係において次第に**自己主張**ができるようになり，自己が確立していく。その際，関係の質も，年齢とともに生活経験の深さとともに，保護者―子ども，大人―子ども，保育者―子ども，子ども―子ども…と変化していく。ここでいう自己主張は単なる『わがまま』ではなく，先に述べた自我の芽生えから，より『自分』という存在を確立していくチャンスを生み出す。換言すれば，確固たる自己主張ができることが**自我の発達**につながるということである。

　具体的には，この期の子どもは，「全部自分のものにしたい」「自分だけでやり遂げたい」「どうしても今すぐにしたい」と思う反面，「自分だけでできるだろうか」「お母さんと一緒ならできるかも？」「先生の前でしたい」と，その姿はさまざまなれど，『自分』を意識しながら成長していく。幼児教育の現場で「見て！見て！」攻撃をする子どもの姿は想像に難くない。

（欄外）自己主張

（欄外）自我の発達

（4）自己抑制

　子どもは，自己主張ができるようになってくると同時に，自己抑制を求められる環境に必然的に遭遇するようになってくる。他者との関係性の中では，必ずしも何でも自分の思い通りになるというわけではないからである。自己抑制をきちんと克服できて，初めて社会性が身についてくる。この自己抑制に関して最新の脳科学の見地からは，その素地が3歳までに形成されることが分かってきた。「三つ子の魂百までも…」ではないが，3歳までに**前頭前野**の中の**眼科前頭域**という部分が活発に刺激され，**自己抑制能力**（我慢する力）が育つようである[7]。ただし，それには基本的に受容されているという安心感のもとで育つことが必要不可欠である。自分が全幅の信頼を寄せており，いつも褒め，認め，励ましてくれる人から自己抑制を求められて，初めて子どもはそのことを受け止めていくのである。

　また，自分と同質性と異質性の両方を併せもつ他者との関係性の中で，さらに自己抑制能力は育まれていく。子どもは保護者から離れていくと同時に仲間との関係性を構築していくことになる。そこでは，主に『遊び』を中心とした活動が展開される。子どもたちにとっての『遊び』は極めて魅力的であり，没頭できるものである。夢中になれるからこそこだわりも生じてくる。自分が使いたい道具もあれば，「こうしたい」というきまり（方向性）もまた生じてくる。ただし，それは同時に他者にとっても同様のことがいえるのである。ひょっとしたら偶然にも利害が一致するかもしれないが，必ずしもいつもそうであるとは限らない。そうしたときに生じる軋轢の解消には，互いにどこかで我慢をしなければならない。こうして，互いの自己抑制能力が鍛えられていくのである。

◆2　自律の芽生えとトラブルの解決能力

　いうまでもなく，人間の道徳性は**他律**から**自律**へと発達していく。では，とくに子どもの道徳性はどのような場合に促進され発達していくの

前頭前野
眼科前頭域
自己抑制能力

他律
自律

であろうか。ここでは，とくにその芽生えの部分について論述する。

CASE

「ごめんね」が言えなくて…

　いつもは仲良しのA児とB児。でも今日は突然のように，A児がB児に対して「お弁当一緒に食べないからな」と言う。いつもは仲良く遊んでいるB児が，別の仲間たち3人と楽しそうに砂場で遊んでいたことが許せなかったのである。

　泣きじゃくるB児に寄り添うように話を聞いてあげる保育者。気にしないように気持ちを落ち着かせて，また砂場で遊ぶように促す。すると4人は，いつの間にかコスモスの咲く中タイヤの遊具で楽しそうに遊び始める。

　今度はA児（普段からかなり自己主張が強くトラブルを引き起こしやすい）と話し合う保育者。ことの顚末を聞き出そうとするが頑として「知らない」「何もしていない」と言い張るA児。そこで，周りの子から得た情報を話し，B児の悲しかった想いを伝える保育者。そして，「『ごめんね』って謝ってきたら？」と促す。しかしやはり依然として何も答えようとしないA児。その様子に悲しそうな表情を見せつつ，その場を去り見守ることにする保育者。

　保育者と話しているときには外に出ようともしなかったA児が，気がつくと園庭のタイヤのところで4人と仲良く遊ぶ姿が…。あまりにも楽しそうに遊んでいる姿に気持ちが揺れたのであろう。そこで，そっとB児のそばに行き「Aちゃん，謝ってくれた？」と尋ねる保育者。「うん」とにっこりするB児。さっきはプライドが傷つけられ，自分でも分からないうちにいじわるをしてしまったA児。しかし，保育者にじっくりと話を聞いてもらい，その後改めて自己内省した結果，謝ることができたのであろう。

　保育者が，A児はその場では行動できなくても，「きっと気がつくはず」「必ず変われる」と信じて見守った結果である。

　上述した事例から分かることは，自律とはまさしく自分でじっくりと考え，自己内省し，自らの行動を決定していく過程にこそ芽生えていくということである。そして，そこで大切なのは保育者の立ち位置もしくは構え方，あるいは適切な援助と子どもを信じて見守る姿である。「こうした方が良い」という大人の視点からの行動を強要するのではなく，自己決定ができるように少しずつ援助していくことが肝要なのである。

3 幼児期から児童期以降の道徳性の発達

　幼稚園や保育所，認定こども園といった施設への入園や小学校への入学後は，子どもの生活世界は家庭外へと広がり，新たな人，もの，こととの出会いやそれらとの関わりが生まれ，道徳性がさらに発達していく。

　こうした家庭外の新しい環境で繰り広げられる集団生活において，日々，慣習的規則や道徳的価値にふれ，それらが子どもの既存の認知構造や自己意識に統合されていく。具体的には，保育者（教諭）や友達との交互交渉が深まり，自己を安心して表現できるようになると，互いの欲求がぶつかったり，葛藤したりすることが生じることも経験する。そして，それらの体験・経験を経て新たな価値観の創造や規則への認識が内面化されていくのである。

（1）『幼稚園における道徳性の芽生えを培うための事例集』

　文部科学省は，幼児期にふさわしい道徳性の芽生えを培う保育のあり方を示すガイドラインとして，『**幼稚園における道徳性の芽生えを培うための事例集**〈平成 13 年 3 月〉[8]』を刊行した。これによると，まず乳児期から幼児期までの道徳性発達の基盤や要因などの基本的な考えが示されている。幼児期からの道徳性を把握するためにも，幼稚園教諭をはじめ保育士にも一読を薦めたい。

幼稚園における道徳性の芽生えを培うための事例集

（2）幼児期から児童期における道徳性の発達

　保護者との愛着関係を礎として，子どもは自分の身のまわりのさまざまな他者と関係を紡いでいく。そこでは，さまざまな**社会規範**（ルールや守りごと）や**ソーシャルスキル**を学びつつ対人関係を広げていく。こうして次第に他律的な道徳性から自律的な道徳性を獲得していくのである。

社会規範

ソーシャルスキル

1）入　園　以　前

　乳児期に受容的な安心感に満ちた関係性の中で育った子どもは，その後半から幼児期にかけて，所属する社会に適応するための「しつけ」を受けることになる。これが道徳性の第一歩である。

　保護者はまず身体的危機から身を守るための行動を要求することになる。なぜならば，何よりも生命があってこその生活だからである。また，本人だけでなく他者に対しても危ない行動を禁ずるのは当然のことといえる。幼少期の『しつけ』は生活に関することがほとんどで，ハヴィガースト（Havighurst, R. J.）の示す乳幼児の発達課題も，これに関するもの（歩行の学習，固形食を食べる学習，話すことの学習，排泄の学習）がほとんどである。

しつけ

　乳幼児は，これらの『しつけ』を身につけていく過程で，先に述べた自己抑制や自己統制の力を醸成させていく。

2）他律的な道徳性

　幼児期は，基本的には他律的な道徳性をもつ時期である。このことは古くはピアジェ（Piaget, J.）が認知発達論の立場から解明しており，後にコールバーグ（Kohlberg, L.）により確立されている。

　他律的な道徳性とは，権威ある（権威とは権威主義的なものを指し示すのではなく，尊敬や信頼を含みもつ）者の言うことに絶対的に従うことである。子どもは自分のことを大切に接してくれる尊敬に値する人物の言うことは絶対的に正しいと判断するのである。そして，その動機としては基本的には「褒めてもらいたいから」「叱られたくないから」，その行動をするのである。

　以上のようなことを鑑みたとき，保育者に望まれる態度は，常に公正・公平に，そして，まさしく子どもたちの**モデリング**の対象となるような立ち居振る舞いを示さなければならない。発達段階の初期にあたる年少児を前にしたとき，とりわけこのことは心に留めておかなければなるまい。

モデリング

3）自律的な道徳性

　他律的な道徳性に対して，自律的な道徳性とは，外的要因（たとえば「大人がそう言ったから」「決まっているから」など）に左右されず，まさしく自分の内なる声（良心）にしたがって自らの行動規範を統制しようとすることである。子どもであろうとも，他者との関係性や相互作用の中で自律的な判断ができるようになる。たとえば年長児では，遊びの中でトラブルやいざこざ，ケンカが起こったとき，保育者の援助を借りずに自分たちだけで話し合い何が悪かったのかを相互に検討し，解決に導くことはよくある。また，不意に誰かを泣かせてしまったことを反省しているような場面もよく目にする。

　自分より小さい子どもの世話をしたり，親や周りの大人が子どもと接するところを見たりする経験は，のちの親和的対人関係構築に望ましい影響を及ぼすことはよく聞かれることであり，首肯できる。このような思いやりの心を小嶋は「**養護性（Nurturance）**[9]」とよんでいる。これも，自律的な道徳性を育むうえでは大切にしたい心情である。

養護性（Nurturance）

　このように，幼児期から児童期への道徳性の発達は，他律から自律への道筋を歩むことになる。その際，保育者は正しい道筋を示したり，積極的に話し合いのコーディネートを務めたりしながら，幼児・児童の道徳性の発達を促進させるように働きかける。そして最終的には，先にも述べたように子どもたち自身で正しい判断ができるよう，子どもの成長を信じて見守るのである。

4 規範意識を育む保育

（1）道徳的判断

1）結果論から動機論へ

　ピアジェは，過失，盗み，嘘についての例話を5〜13歳の子どもに聞かせて，善悪の判断を調べた。以下にその一例を示す（実際にピアジェが行ったものではなく，筆者による改編である）。

ある女の子が，お母さんとこんな約束をしていました。
　「この戸棚の奥にあるジャムは，お母さんのいないときに勝手に取ったり食べたりしてはいけませんよ」
　女の子は素直に返事をしてこの約束をしました。しばらくしてお母さんは買い物に出掛けてしまいました。家の中には女の子と年老いたおばあさんの２人になりました。女の子は機嫌良く遊んでいたのですが，隣の部屋からおばあさんの独り言が聞こえてきました。
　「あー，お母さんの作ったあのジャムが食べたいわ」
　そこで女の子は，おばあさんにジャムを食べさせてあげたくて戸棚の前まで来ましたが，お母さんとの約束を思い出して長い間思案していました。しかし，意を決して戸棚の奥からジャムを取ろうとしました。ところが，知らなかったものですから，戸棚の手前に置いてあったガラスのコップを10個割ってしまいました。
　ある別の女の子が，先の女の子と同じような約束をお母さんとしました。しばらくしてお母さんが出掛けてしまったとき，女の子はジャムが食べたくなって戸棚まで来ました。しかしお母さんとの約束を思い出して，長い間思案していましたが，とうとう戸棚の奥のジャムを取ろうとしました。ところが，知らなかったものですから，女の子は戸棚の手前に置いてあったガラスのコップを１個割ってしまいました。
　ここでピアジェは子どもたちに次のように尋ねました。
　「先の女の子と後の女の子では，どちらがより悪いでしょうか？」

　さて，みなさんはどのように考えるだろうか。結果は，ある年齢層よりも下の子どもたちは，圧倒的多数をもって先の女の子（10個割った女の子）が悪いと答え，ある年齢層を境に上の子どもたちは，圧倒的多数をもって後の女の子（１個割った女の子）が悪いと答えたのです。その理由は，「だって先の女の子は10個も割ったんでしょ？そりゃあ，先の女の子が悪いわ」「先の女の子はおばあさんのために取ろうとしたんでしょ？後の女の子は自分の欲望で取ろうとしたんだから，後の女の子の方が悪いわ」ということであった。つまり，ある年齢層に至るまでは物事を犯した結果で善悪を判断し，ある年齢層からは物事をその動機によって判断したわけである。これがピアジェが導き出した，道徳性の発達であり，「人間の道徳性は**結果論**から**動機論**へと発達する」というものであった。ピアジェは，年少の子どもは目に見える結果に着目し，意図や動機といった内面に着目できにくいこと，違反行為の理由づけに「お母さんがいいと言ったから」などというように他律的な**道徳的判断**に留ま

結果論
動機論

道徳的判断

りやすいことから，客観的判断と考えた。これに対して，動機論とは，その意図や動機に基づくことから主観的判断と分析している。

2）どのような点に留意すべきか

　年少児は，基本的に他律的道徳性の時代を過ごしているため，道徳的判断も先の結果論で物事を考え，その意図や動機にまで考えが至らない。ということは，何か保育現場でトラブルやケンカ，規則違反が起こってしまったときに，保育者がその理由について細かく説明しても，その意図が汲み取りにくいことが考えられる。では，どうすれば良いのか？それはそもそも失敗を引き起こさないように環境整備に細かい配慮をし，失敗させないことであろう。そして，成功体験の中から多くのことを学ばせる保育を心掛けることである。

　一方，他律的道徳性の時代から脱却し，自律的道徳性の時代へ移行していく年長児ではどうであろうか。この段階に入ると，規則の意味や規範の存立意義について理解し始めるため，子どもに対してトラブルの原因を追求したり，ルールのもつ意味や大切さについて説明したりすることはもとより，子ども同士しっかりと話し合わせることである。こうして幼児期の**規範意識**の芽生えに積極的に介入していくことで，規範意識を育んでいきたいものである。

規範意識

（2）　規範意識を育む保育実践

1）保育者の積極的介入（直接的指導・援助）

① トラブル時：まず保育者は即時介入を図り，子ども相互から自身の
　考えやそのときの気持ちについて聞き出す。次に相手の意見に対する
　自分の考えや気持ちを交流させる。さらに，今後どうしたいか，どう
　すべきかについて話し合わせる。最後に保育者がことの顛末と今後の
　方向性について双方に確認を行う。こうして，高圧的に指導するので
　はなく，基本的には子ども同士の話し合いのコーディネートを図るこ
　とが肝要であろう。

② 学級の規範づくり：普段の保育の終わりの会での話し合いにおいて，
　子どもの中からよかったこと，問題点について話し合わせる機会をも

つ。そのときよかった点については子ども同士の中で共有し，互いに褒め，認め，励まし合う風土を創り，安心した保育室の場づくりに努めることが要^{（かなめ）}である。次に，問題点については，その原因を追求し，どうすればそのような問題が起きないかについて話し合わせる。もちろん，その際にクラスのルールづくりに発展する場合も考えられる。こうして子どもの中に自分たちのきまりは自分たちでつくるんだという意識を醸成していくことが子どもの規範意識を育むことになろう。

2）保育者の間接的介入

① トラブル時：すぐにトラブルに介入するところまでは同じである。しかしながら年長児の段階になると，落ち着かせた後，子どもに対して自分たちで解決することを促していくことになる。自分たちの力で互いの想いや考えを交流させることで，徐々に自律的判断ができるように導くわけである。こうして保育者のコーディネートなしに解決に至ることができたとき，子どもたちは規範意識を高めるだけでなく，自分自身の自信につながるため，自尊感情や自己肯定感，自己有用感をも高めることが可能となるであろう。

② 学級の規範づくり：今まで保育者がリードする中で行っていた終わりの会も，徐々に子どもたちに委ねることで，より自律的に規範づくりに貢献できるようになる。こうして出来上がった規範は極めて破られにくいと考えられる。なぜならば，自分たちでつくった規範であるがゆえに，規範を守ること自体が自己目的的になるからである。

3）見 守 り

　最後は見守りの段階である。トラブルや規範づくりに対して子どもの力を信じ，温かく見守ることも立派な保育の１つである。万が一つまづきが生じたときには介入するものの，基本的には子どもの力を信じて見守る保育にまで高められるのが理想であろう。

【引用・参考文献】
1）文部科学省「幼児期からの心の教育の在り方について」1997 年（https://www.mext.

go.jp，2023 年 4 月 1 日閲覧）

2）文部科学省「キャリア教育の推進に関する総合的調査研究協力者会議　報告書」2004
年（http://www.nier.go.jp，2023 年 4 月 1 日閲覧）

3）金井　肇『道徳授業の基本構造理論』明治図書，1996 年

4）金井　肇『生き生きした構造化方式の道徳授業　小学校』明治図書，1998 年

5）岩立京子「子どもの道徳性の発達」上地完治編著『道徳教育の理論と実践』ミネルヴ
ァ書房，2020 年，pp.55-56

6）淀澤勝治「子どもの人間関係の発達課題(2) 幼児期から児童期への接続」矢野　正・柏
まり編著『保育と人間関係』嵯峨野書院，2012 年，pp.15-21

7）國米欣明『その子育ては科学的に間違っています』三一書房，2007 年

8）文部科学省『幼稚園における道徳性の芽生えを培うための事例集』ひかりのくに，
2001 年

9）小嶋秀夫『心の育ちと文化』有斐閣，2001 年，p.156

お薦めの参考図書

①　山岸明子『道徳性の芽生え―幼児期からの心の教育』チャイルド本社，2001 年

②　田中亨胤・三宅茂夫編著『保育の基礎理論』ミネルヴァ書房，2006 年

③　秋田喜代美『保育のおもむき』ひかりのくに，2010 年

④　兵庫教育大学「まぁるく子育て」編集委員会編著『兵教大発　まぁるく子育て』
神戸新聞総合出版センター，2017 年

ま と め

1 道徳性というものについて，人がそれを生得的にもっているのか，あるいは後天的に身につけていくものなのかについては，今なお議論されている。しかしながら，これから保育者を目指す方々には，道徳的感情はたとえ萌芽的なものだとしても乳児は生得的にもっていると考え，その道徳性の芽生えにどのように関わることができるのかについて考えてほしい。

2 自己主張とは，自我の芽生えにより自分という存在への意識化が進むことで生じ，自分の想いや願いを他者へ積極的に伝えようとする心の動きや行為のことをいう。

3 自己抑制とは，他者との関係性の中で相手との折り合いをつけたり，よりよい規範を構築したりするときに，自分を我慢する心の動きや行為のことをいう。

4 他律的な道徳性とは，権威ある（権威とは権威主義的なものを指し示すのではなく，尊敬や信頼を含みもつ）者の言うことに絶対的に従うことである。そして善悪の判断を他者に委ねる段階の道徳性をいう。

5 自律的な道徳性とは，外的要因（たとえば，「大人がそう言ったから」「決まっているから」など）に左右されず，まさしく自分の内なる声（良心）にしたがって自らの行動規範を統制しようとする段階の道徳性をいう。

6 トラブルの解決能力とは，まさしくトラブルやいざこざ，葛藤や軋轢の解決に向かう能力のことをいう。そして，この過程を通して子どもたちはコミュニケーション能力（他者との話し合いや活動を通して合意・了解していく力）を形成していくのである。

第**6**章

幼児期の協同性を育む保育

1 子ども同士のコミュニケーション

（1） さまざまな人との関わりの中で

　園での生活の中で，子どもは，子ども同士で，保育者と，地域の人と
など周囲の人たちとさまざまなやりとりをしている。「○○ちゃんと△
△くんと，イチゴ畑を見に行ったらね……」というように遊びや生活の
中での出来事を伝えるとき，「いっしょにサッカーしよう」と友達を誘
うとき，「三輪車に乗りたいから，誰か代わってくれないかなぁ」と自
分の意思を伝えるとき，「ごめんね」や「ありがとう」などの気持ちを伝
えるときなど，子どもは言葉で周囲の誰かに自分の思いを伝えたり，**気** 気持ちの共有
持ちを共有し合ったりしている。

　言葉以外にも，表情や仕草で子どもは自分の思いを伝えようとし，保
育者や周りの子どもは，そこから何かを読み取ろうとするなど，**言葉に** 言葉にならない関わり
ならない関わりが日々の暮らしの中で生まれている。

　コミュニケーションは，「二者間で情報，観念，認知，感情，気持ちな
どを伝えあい，分かり合う過程である[1]」。人と人が，互いの思いや情報
などを伝え合いながら，互いの関係をつくり，暮らしを営んでいくため
に，コミュニケーションを成立させていくことは重要である。

　「自分が保護者や周囲の人々に温かく見守られているという**安定感**か 安定感
ら生まれる人に対する**信頼感**をもつこと，さらに，その信頼感に支えら 信頼感
れて自分自身の生活を確立していくことによって」人と関わる力の基礎
が培われる[2]。保育者や友達と触れ合い，関わり合うことで，安心して
園生活を送ることができるようになり，そのことが，小学校以降，生涯
の個々の暮らしの中で，さまざまな人と関わり，**豊かな生活**を創り出す 豊かな生活

ことにつながるのである。

（2）　相手を分かろうとする気持ちのはじまり

　子ども同士の**コミュニケーション**というと，言葉によるコミュニケー
ションや，関係がうまくいっている状況，いわゆる"なかよし"を思い
浮かべがちである。保育所やこども園，幼稚園への実習に行った学生が
「子ども同士のケンカの仲裁をするのが難しかった」「子どもがなかなか
『ごめんね』と謝ってくれないから困った」というような課題を感じる
ことがよくある。コミュニケーションは「**伝え合い**」「**わかり合う**」過程
である。「ごめんね」と謝ることや"なかよし"な状況になるなどの結果
が大事なのではない。

コミュニケーション

伝え合い
わかり合う

　1枚の写真から考えてみよう。

　保育室の入り口に2足の運動靴と
2つ帽子が置かれている。

● 写真 6-1 ●　事例1の様子

CASE

1.　Aちゃんと遊びたい（3歳児11月）

　3歳児クラス，11月のある日，外で遊んでいたA児（男児）が，入り口で靴を脱ぎ，靴のそばに戸外で
遊ぶときに被る帽子を置いて，保育室に入っていった。それまでA児の近くにいたB児（女児）が，A児
を追いかけて保育室に戻ってきた。B児は，入り口のところで立ち止まり，A児の靴と帽子を見た。次の
瞬間，B児は，A児と同じように靴を脱ぎ，帽子を脱いで，自分の靴のそばに置き，保育室に入っていっ
た。

　この日，B児は登園後から，じっとA児の様子を見ていた。A児は，
周りの子のしていることにあまり影響されず，自分のしたいことをして
遊ぶことが多い子である。B児は，1人で遊ぶことが多かったが周りの
子に興味をもち始めた頃であった。保育室の中にいたA児を，保育室の

外から「Ａちゃ～ん，お・い・で！」と大きな声で何度も呼び，ようやくＡ児が保育室から外に出てきて，しばらくの間，遊んだ後であった。

　この写真のようなとき，担任保育者であったらどのようにするだろうか。他の子どもたちも出入りする入り口である。「帽子と靴を片付けましょうね」と声をかけたくなるであろう。

　Ｂ児が靴と帽子を置いたとき，言葉は一言も発していない。時間にすれば，ほんの１～２秒，入り口に置かれたＡ児の靴と帽子を見た後，自分の靴と帽子を置いただけである。一方，Ａ児は自分の靴の横にＢ児が靴と帽子を置いたことにはまったく気づいていない。Ｂ児にとっては，Ａ児と同じようにすることが，Ａ児に興味がある，Ａ児に近づきたい，一緒に遊びたい，という気持ちの表れであるのだろう。

　言葉を交わさないだけでなく，相手に何かを伝えようとする以前に，**コミュニケーションにつながる行動**がある。**真似**をする，ということが子ども同士の間ではよく見られることである。相手と同じようにしようとすることが，すでにコミュニケーションであり，**相手を分かろうとする行為**の始まりであると考えられる。

　保育者は，子どもの「ごめんなさい」という言葉が聞けたからケンカの仲直りができた，いつも一緒に遊んでいるから仲がよいなど，表面的な姿のみで判断するのではなく，言葉にならない，行動として明確に表されない，子ども同士のコミュニケーションのはじまりがあることを十分に踏まえて，子ども同士が関わる姿を捉えていきたいものである。

（3）　相手の思いを分かろうとする

　園での遊びや生活の中では，子ども同士の思いの違いから，**いざこざ**が起こることが度々ある。たとえば「ブランコに乗りたいけど，○○ちゃんが代わってくれない」「ぼくが使っていたブロックを△△ちゃんが取った」など，さまざまなことを子どもが保育者に伝えてくることや，子どもの泣き声が急に聞こえることなどが，子どもたちの遊びや生活の中では次々と起こる。そういったときに，保育者が「順番を決めて交替で使いましょう」「『ごめんね』って謝りましょう。これからは『貸して』って言うのですよ」などと子どもに言って聞かせてしまうと，**相手の気**

コミュニケーションにつながる行動
真似
相手を分かろうとする行為

いざこざ

相手の気持ちに気づく体験

持ちに気づく体験をする貴重な機会を逃してしまうことになる。

　ブランコに乗りたくて待っている子どもの気持ちと，一方で他の子に代わりたくない，いつまでもブランコに乗っていたい子どもの気持ちが，それぞれにある。使っていたブロックを他の子に持っていかれた子どもの気持ちと，一方で使いたいと思って目の前のブロックを手にしたら，急にそばにいる子が泣き出して驚いている子どもの気持ちがある。

　保育者が，それぞれの気持ちを受け止め相手の気持ちを知る機会になるように関わることで，子どもは，自分以外の相手に，それぞれ思いがあることに気づき，自分の思いと相手の思いの**折り合い**をつけようと，さまざまな方法を考えることができる。

折り合い

　保育者は，まず個々の主張を受け止め，子ども同士で十分に伝わらないところは言葉を補い，それぞれの思いが相手に伝わるように関わる。このような経験を積み重ねることで，相手の思いや状況を理解したうえで問題を解決しながら，互いに気持ちよく生活していこうとする気持ちや態度が育っていくのである。

（4）　よさに気づく

　子どもは，園での生活の中でさまざまな人と出会う。自分とは異なる考え方や行動の仕方など，さまざまな個性をもった友達や保育者，園の職員，地域の人々と接する。「○○ちゃんは走るのが速い」「△△ちゃんはご飯をたくさん食べる」など表面的な特性に気付く。「□□ちゃんは，怒ると物を投げる」「▽▽ちゃんは，すぐに泣く」など，目に見える言動からネガティブな印象をもってしまうこともある。

　毎日の生活の中で，保育者や友達と，喜怒哀楽の感情を伴うさまざまな出来事を体験する中で，それぞれの**考え方や行動の仕方**があることを知り，互いの違いや多様性に気付いていくことが大切である。

考え方や行動の仕方

　遊びや生活の中で，それぞれの**よさが活かされる保育**を展開していくことで，子どもと保育者，子ども同士が一緒に過ごすことの楽しさが味わえるようにしたい。

よさが活かされる保育

（5）　子どものコミュニケーション力を育てる保育者の関わり

　子どもにとって，保育所やこども園，幼稚園などでの生活は，初めての集団生活の場である。入園当初の子どもは，温かく受け止めてくれる保育者との**信頼関係**に支えられ，１人１人が安心して遊びや生活に取り組める**居場所**を見つけ，興味をもった玩具や遊具，遊びなど，やりたいことに取り組むようになる。同じ遊びで傍にいる他の子どもと出会い，同じ玩具で遊んだり言葉を交わしたりするなど関わりが生まれてくる。ときには，玩具や遊びの場を取り合ったり，思いが伝わらずいざこざが起こったりする。その中で，さまざまな感情を体験し，自分と相手とは異なる考えをもっていることを知るとともに，ともに遊びや生活をつくり出していく面白さや充実感も味わうようになる。

信頼関係

居場所

CASE

２．サッカーしよう（３歳児 12月）

　クラスの数人の子どもは，登園後に運動場で遊ぶことを楽しみにし，保育者を誘ってサッカーや長縄跳びなどを楽しんでいる。

　３人の子どもが，保育者を相手にそれぞれのサッカーボールを蹴り合うことを楽しんでいる。人数が増えてきたので，１つのボールを全員で蹴り合う遊びになった。保育者と数人の子どもでボールを蹴り合っていると，Ｃ児がボールを持ってやって来て「一緒にサッカーしよう」と言う。

　「このボールで遊ぼう」とＣ児が自分の持っていたボールを地面に置き「よーい，スタート！」と合図を出す。他の子どもは，それまで蹴っていたボールを置いて，Ｃ児の持ってきたボールでサッカーを始める。

　ボールが転がった方向へ全員で追いかけて蹴ることを続ける。Ｃ児は，自分がボールを蹴ることができなくなると「ストップ」と言ってボールを両手で押さえる。保育者が「じゃあ。Ｃさん，つぎ始めてね」と言うと，Ｃ児は再び地面にボールを置き「よーい，スタート！」と合図を出す。Ｃ児の合図で再び全員がボールを追いかけ始めた。

　Ｃ児は，自分がボールを蹴ることができなくなる度に「ストップ」と言ってボールを止める。何度か繰り返しているとＣ児は「もう，やめる」と言い，ボールを持ってその場を離れた。保育者が「仕方ないね。じゃあ，もう１つのボールで続けよう」と言い，別のボールで他の子どもらと保育者はサッカーを続けた。

　Ｃ児は，運動遊具庫の横でボールの上に座り，じっと保育者と他の子どもとの遊びを見ている。

　しばらくすると，Ｃ児はボールを持ち「入れて」と言ってきた。

子ども同士が関わる場面をもつためには，保育者自らが遊び始めたり，言葉をかけたりして，意図的に子ども同士の仲立ちをすることが必要な場面もある。事例2の場合は，対象が3歳児であるため，なおさら意図的な保育者の関わりがあったと考えられる。

　保育者は，子ども1人1人が保育者との信頼関係を基盤として周囲の世界と関わりながら成長していくことを十分に考慮し，**葛藤**などさまざまな**感情の体験**，**試行錯誤**を重ねながら最後までやり遂げる達成感，自分の力でやり遂げる充実感などが味わえるよう，適切な援助を行っていく必要がある。

葛藤

感情の体験
試行錯誤

2 個と集団の関係

（1）　1人1人の子どもと関わることと集団を形成すること

　保育所やこども園，幼稚園での実習を終えた学生が，実習経験を振り返って課題とすることの1つに「個」と「集団」での関わり方がある。実習中は，活動から遅れがちな子どもや個別の配慮を必要とする子どもの支援を配属クラスの担任保育者から求められることや，自分から積極的に実習生に関わってくる子どもや自己主張のはっきりした子どもの要求に優先的に応えることなど，個々の子どもに寄り添うことが多くなりがちである。「先生，○○して遊ぼう」「先生，こっちに来て」と複数の子どもに両方から手を引っ張られて右往左往してしまう体験は，実習の初めにはよくあることであろう。

　保育現場での実習において，1人の子どもに寄り添おうと関わっていると，指導担当の保育者から「1人の子どもにかかりっきりじゃだめですよ。クラス全体をよく見て関わってくださいね」と助言を受ける。個々の子どもから少し距離を置き，クラスの子ども全体を見渡すような立ち位置で保育や子どもの様子を見ていると，今度は「ぼんやりと見ているだけではダメですよ。1人1人をよく見て関わってくださいね」と助言を受けることになる。

1人1人の子どもと関わることと，クラス全体の子どもたちと保育を展開していくことは，別々に行われることではない。実際の保育の中では，保育者は，知らず知らずのうちに1人1人の子どもの思いや行動よりも，クラス集団としての生活を優先した保育を進めてしまいがちである。クラス集団としてのまとまりを求められ，クラスをうまくまとめることが保育の成果や保育者の力として評価される現状があることにもよるだろう。保育者自身の責任感の強さや他者評価を求める気持ちから「クラスをまとめなければ！」と，「集団」としてのまとまりを優先しがちになることが往々にしてみられる。

　また，小学校以降の学校も含め，教育現場では，自分の考えや欲求よりも集団の一員としての自覚をもつことが個々の子どもに求められるという背景があることも関連していると考えられる。

（2）　個から集団へ

　本来，「集団」は「個」よりも先につくられるものではない。子どもと子どもの1つ1つのつながりの先に現れてくるものである。

　幼稚園教育要領には，次のように書かれている[3]。

領域「人間関係」内容の取扱い
(2) 一人一人を生かした集団を形成しながら人と関わる力を育てていくようにすること。その際，集団の生活の中で，幼児が自己を発揮し，教師や他の幼児に認められる体験をし，自分のよさや特徴に気付き，自信をもって行動できるようにすること。

　個々の子どもと周囲の人々との関係が1つ1つつながり，「個」が育つとともに**関係も育って**いく。それがやがては「集団」のつながりとなる。1人1人の子どもが周囲の他者との関係を紡ぎながら，**他者とともに生きる力**を育んでいくのである。集団はつくるものではなく，1つ1つのつながりの先にある。

関係が育つ

他者とともに生きる力

（3）　1人1人が安心できる場と温かい集団

　幼稚園教育要領解説に，次のように書かれている[4]。

> …（略）…集団生活の中で幼児同士がよい刺激を受け合い，相互にモデルになるなど影響しながら育ち合うのである。このような育ち合いがなされるためには，その集団が一人一人の幼児にとって安心して十分に自己を発揮できる場になっていなければならない。
> 幼児は，周囲の人々に温かく見守られ，ありのままの姿を認められている場の中で，自分らしい動き方ができるようになり，自己を発揮するようになる。教師の重要な役割の一つは，教師と幼児一人一人との信頼関係を基盤に，さらに，幼児同士の心のつながりのある温かい集団を育てることにある。

園やクラスという集団の場が，子ども1人1人にとって「安心して」過ごせる場であれば，「自己を発揮」しながら，子ども同士が互いに刺激し合って育つ場となるのである。

保育者には，子ども1人1人との信頼関係を基盤とした「**温かい集団**」を育てていく役割が求められている。保育者が，1人1人のよさを受け止め，心の動きをとらえて関わることで，個々の子どもが，互いの存在を大切にしながら自分のよさを発揮して生活するようになる。やがては，集団の中で自信をもって行動する力となり，集団での生活が，個々の子どもの育ちにつながっていくのである。

温かい集団

3 協同性を育む保育

（1） 幼児期の終わりまでに育ってほしい姿「協同性」

「**協同性**」は「幼児期の終わりまでに育ってほしい姿」の1つに挙げられている[5]。

協同性

> (3) 協同性
> 　友達と関わる中で，互いの思いや考えなどを共有し，共通の目的の実現に向けて，考えたり，工夫したり，協力したりし，充実感をもってやり遂げるようになる。

協同性が育つ過程と保育者の関わりについて，幼稚園教育要領から見

てみよう[6]。

領域「人間関係」内容の取扱い

(1) 教師との信頼関係に支えられて自分自身の生活を確立していくことが人と
関わる基盤となることを考慮し，幼児が自ら周囲に働き掛けることにより多
様な感情を体験し，試行錯誤しながら諦めずにやり遂げることの達成感や，
前向きな見通しをもって自分の力で行うことの充実感を味わうことができる
よう，幼児の行動を見守りながら適切な援助を行うようにすること。

(3) 幼児が互いに関わりを深め，協同して遊ぶようになるため，自ら行動する
力を育てるようにするとともに，他の幼児と試行錯誤しながら活動を展開す
る楽しさや共通の目的が実現する喜びを味わうことができるようにすること。

（下線，筆者）

　協同性は，領域「人間関係」のみで育まれるのではなく，園での遊び
や生活全体を通して育まれていくものである。

　子どもは，園の遊びや生活の中で，さまざまな人や出来事に出会う。
初めて出会う人，初めて経験することがたくさんあり，驚いたり，戸惑
ったり，気後れしたりする。そのようなとき，保育者が傍にいて驚きに
共感したり，手を添えてくれたり，一緒に考えたりしてくれることで，
信頼感をもつようになる。保育者との信頼関係を基盤として，子どもは，
他者との関わりの中での生活を営んでいくようになる。他者との遊びや
生活の中で，子どもは葛藤や挫折，喜びや楽しさなど多様な感情を体験
する。同じ遊びを繰り返したり，うまくいかないことがあればやり直し
たり，寄り道や回り道をしながら遊びや生活を進めていく。その中で，
試行錯誤をしながら遊びを進めていく充実感や，最後までやり通した達
成感を味わうようになるとともに，周りの友達との関わりを深めていく。

　友達と関わって遊ぶ中で，互いに思いや考えを伝え合い，次第に**共通
の目的**をもって遊びや生活をするようになる。5歳児後半頃には，共通
の目的に向けて，考えを伝え合ったり，工夫したり，役割分担をしたり
しながら，**協力して遊びを進めていく**ようになる。

共通の目的

協力して遊びを進めてい
く

（2）　小学校生活へのつながり

　幼児期に育まれた協同性は，小学校以降の学びにつながることを十分

に理解しておく必要がある。小学校における集団生活の中でも，自己を発揮しながら共通の目的に向かって友達と協力し合いながら学び合う姿につながる。

　協同性が育っている姿とは，単に周囲の人と一緒に活動できるということではない。個々の子どもが自己を十分に発揮しながら，互いのよさを認め合って遊びや生活を進めていく過程で，共通の目的に向かって，試行錯誤しながらも一緒に遊びや生活を進めていこうとする姿である。

　次の図は，幼児期に「協同性」が育まれる過程と小学校生活へのつながりを表したものである。

　園に入園した子どもたちは，保育者との信頼関係を基盤として1人1人の子どもが安心感をもって生活するようになり，次第に保育者や周囲の友達との関係の中で自分の思いを出し，興味をもったものに自ら関わって遊ぶようになる。幼児期後半には，子ども同士で考えを出し合い，協力したり工夫したりしながら共通の目的に向かって遊びや生活を進めていくようになる。協同的な遊びの体験は，他者の考えや思いを理解し，自らを調整しながら多様な人々と関わって生活を営んでいく力になる。幼児期の協同的な遊びや生活の経験が，**小学校以降の学びの基礎**となり，

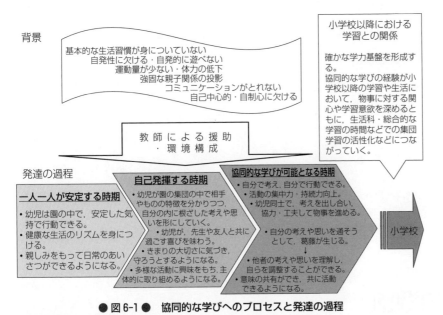

● 図 6-1 ●　協同的な学びへのプロセスと発達の過程

出典：文部科学省「協同的な学びへのプロセスと発達の過程（イメージ）」（https://www.mext.go.jp/b_menu/shingi/chukyo/chukyo3/008/siryo/04030501/002.pdf，2023 年 4 月 26 日閲覧）

物事に対する関心や学習意欲を高めていくのである。

（3）　協同性を育む保育者の役割

　協同性が育まれるために，保育者は，１人１人の思いや考えを受け止め，共通の目的を実現するための**プロセスを予想**し，必要な援助をしていく必要がある。

プロセスの予想

　１人１人の子どもとの信頼関係をもとに，子どもが何をどのようにしたいと考えているのか，個々の**子どもの言葉や行動の意味**を探り，理解しようとすることがまず大切である。

子どもの言葉や行動の意味

　保育者は子どもの遊びを見守っていると思っていても，単に子どもの遊びを傍観しているだけのこともある。子どもとともに遊び，子どもの言動に込められた思いを受け止めながら，環境を再構成したりさまざまな援助を行う必要がある。

　ときには，保育者が遊びの**モデル**となることもある。子どもは，保育者のしていることを真似ながら，遊び方や言葉や道具の使い方を学ぶのである。

モデル

　遊びの中では，子ども同士のいざこざも起こる。そのようなとき，保育者が傍にいて**子どものさまざまな感情に寄り添う**ことで，子どもは周囲の友達の思いに気付き，受け入れ，他者と思いや考えを共有しながら遊びや生活を進める意味や面白さに気付いていくのである。

子どものさまざまな感情に寄り添う

　子どもの協同性の育ちの過程には，**保育者の関わり**が重要であることを認識して，必要な援助の方法を考えていきたいものである。

保育者の関わり

【引用・参考文献】
１）森上史朗・柏女霊峰編『保育用語辞典［第８版］』ミネルヴァ書房，2015 年，p. 297
２）文部科学省『幼稚園教育要領解説〈平成 30 年 3 月〉』フレーベル館，2018 年，p. 167
３）文部科学省『幼稚園教育要領〈平成 29 年告示〉』フレーベル館，2017 年，p. 17
４）前掲書２），p. 184
５）前掲書３），p. 6
６）前掲書３），pp. 16-17

お薦めの参考図書

① 汐見稔幸・中山昌樹『10 の姿で保育の質を高める本』風鳴社，2019 年
② 津守 真『保育者の地平』ミネルヴァ書房，1997 年

③ 榎沢良彦『幼児教育と対話―子どもとともに生きる遊びの世界』岩波書店，
　2018年
④ 日本保育学会編『保育のいとなみ―子ども理解と内容・方法』東京大学出版会，
　2016年

ま と め

1 子どもは，園での生活の中で，保育者との信頼関係を基盤として，さまざまな人々と関わり，自らの生活を確立していく。人と人が，互いの思いを伝え合いながら，互いの関係をつくり，コミュニケーションを成立させていく過程が大切である。

2 子ども同士のコミュニケーションは，言葉などで相手に何かを伝えようとする以前に，誰かの傍にいようとしたり，真似て同じことをしたりするなど，言葉にならないやりとりから始まっていることを理解しておきたい。

3 保育者は，子ども1人1人が保育者との信頼関係を基盤として周囲の世界と関わり成長していくことを考慮し，葛藤などさまざまな感情の体験，試行錯誤を重ねながら，達成感や充実感が味わえるよう，適切な援助を行っていく必要がある。

4 「集団」は，子どもと子どもの1つ1つのつながりの先に表れてくるものであることをふまえ，保育者には，1人1人のよさを受け止め，心の動きをとらえて関わり，「温かい集団」を育てていく役割が求められる。

5 協同性は，領域「人間関係」のみで育まれるのではなく，園での遊びや生活全体を通して育まれるものである。5歳児後半には，子どもが共通の目的をもって，協力して遊びを進めていくようになる。

6 幼児期に育まれた協同性が小学校以降の学びにつながることを理解し，保育者は，1人1人の子どもの思いや考えを受け止めながら，共通の目的を実現するためのプロセスを予想し，必要な援助をしていく必要がある。

第7章

乳幼児期の人間関係の広がり

1 保育者の協働性

（1）協働するとは

　子どもは1人きりで育つのではない。私たち自身も，これまでさまざまな人と関わり，成長して今がある。保育も同様に，自分1人で行うのではなく，保育者同士や，家庭，地域などにおけるさまざまな人との関係性の中で，連携や協力しながら育てていくことが大切である。

　これまでに，ワンチームという言葉を聞いたことがあるだろうか。これは，スポーツの世界でとくに耳にする言葉で，どのような難しい状況であっても，チームワークを重視することで個々がさらに力を発揮し，より大きな成果を上げる，そうした意味の言葉である。これは何もスポーツに限ったことではなく，保育も同様に，**チーム保育**で取り組むことが大切と考えよう。子ども1人1人に対し，みんなで力を合わせて育てていくことで，より深くその子どものことを理解し，よりよい援助につなげていけるのであり，これこそが保育における協働の意義といえる。

チーム保育

（2）保育カンファレンスの大切さ

　子どもも1人の人間であり，当然ながら個性や違いがある。そして，周りの大人が同じ場面を見ていたとしても，人によりその個性の捉え方は違う。そのときに保育者同士で捉え方の違いを出し合うことは，子どもの新たな発見につながる機会だと考えよう。保育者は互いの違う見方を知ることで，物事にはいろいろな見方があることを実感し，いろいろな可能性を考えながら多面的に子どもを見る力がついてくるのである。

　そのために，まずは保育者同士で**カンファレンス**（意見交換）を繰り

カンファレンス（意見交換）

返すことが大切だ。それには積極的に自分の考えや思いを自分の言葉で語り，他者の言葉に耳を傾け謙虚な姿勢で学ぶ，そうした姿勢が求められる。保育者自身が周囲の人とよりよくつながる力が必要なのである。

2 家庭生活・園生活・地域生活の関係性

保育の取り組みについて，家庭や地域の方々に知ってもらうことも大切だ。参観日や行事の機会に園に来ていただき，実際に保育を見て，参加していただくことで園の取り組みを理解してもらうのである。みんなで子どもを育てるための取り組みを考えることも，保育者集団の大きな役割である。

また，子どもにとっても，さまざまな人から**温かい見守りや関わり**を受けることは，**安心感や自己肯定感**につながる。そしてそれは，より自分らしさを発揮しながらのびのび成長できることにつながる。

近年は社会が変化し，多様な生活スタイルが生まれると同時に，核家族化が進んだ。そして，人との関係は一昔前に比べ，希薄になったといわれる。そうであるからこそ，さまざまな人と関わる機会を初めての集団生活の場である園・所において意図的に設定することは大きな意味を持つ。そして身近な人との関わりを喜びに感じられるよう援助することが，子どもの成長にとって重要なのである。

子どもが身近な人との関わりを喜べたとき，また，子どもの成長を周りのみんなで喜び合えたとき，子どもを中心とした笑顔の輪が広がり，その保育はより素晴らしいものとなるだろう。

温かい見守りや関わり

安心感
自己肯定感

CASE

地域の人にコマ回しを教えてもらったよ

　地域の老人会と交流し，昔遊びを教えてもらう園児たち。上手く回せたときには，地域の人と一緒に大喜び。こうした温かい心の交流を大切にしたい。

【考えてみよう】

　普段の園生活で，子どもと地域の人が触れ合いを喜び合える取り組みについて，アイディアを出し合ってみよう。

3 小学校への接続

（1）　小学校との連携の基本的な在り方

　保育者は1人1人の子どもに対し，入園の日から卒園まで，毎日保育に懸命に取り組む。保育者は1人の人間の基礎となる大事な部分を育んでいるといえよう。そして保育における育ちはどこにつながるのかを考えると，それは**小学校以降の学習**へとつながっていくのである。そのため保育者は，目の前の子どもに対し，瞬時に適切な援助を行うための視点と，今後の人生に必要な学びを積み重ねていくための長期的な視点，その両方を持つことが必要である。

　2018（平成30）年度から新たに施行された，幼稚園教育要領や保育所保育指針，幼保連携型認定こども園教育・保育要領にも，小学校教育との円滑な接続の必要性が明記されている。たとえば，幼稚園教育要領においては次の通りである[1]。

小学校以降の学習

『幼稚園教育要領』第1章 第3-5
【小学校教育との接続に当たっての留意事項】
(1) 幼稚園においては，幼稚園教育が，小学校以降の生活や学習の基盤の育成
につながることに配慮し，幼児期にふさわしい生活を通して，創造的な思考
や主体的な生活態度などの基礎を培うようにするものとする。
(2) 幼稚園教育において育まれた資質・能力を踏まえ，小学校教育が円滑に行
われるよう，小学校の教師との意見交換や合同の研究の機会などを設け，
「幼児期の終わりまでに育ってほしい姿」を共有するなど連携を図り，幼稚
園教育と小学校教育との円滑な接続を図るよう努めるものとする。

ここには，幼児期の教育が小学校以降の生活や学習の基盤につながる，
とある。**小学校教育へのつながりを意識**しながら保育を展開する必要性 小学校教育へのつながり
を意識
が書かれているのである。また，「幼児期の終わりまでに育ってほしい
姿」を共有するなど連携を図り，とある。

ただし，ここで間違ってはいけないのは，その連携の在り方である。
保育は小学校の直接的な準備教育ではない。つまり，保育において小学
校教育を先取りして算数や国語などを教えるのは違うということだ。そ
もそも幼児の発達段階においては，それらの基礎の部分を遊びながら少
しずつ学んでいくことを重視する必要がある。だからこそ，**遊びは学び** 遊びは学び
なのである。たとえば，絵本を読み聞かせてもらったり，ごっこ遊びを
したりして言葉を習得したり，おもちゃの数を数えたり，掘り出したイ
モの重さを比べたりして数量の感覚を習得する，といった具合である。

大切なことは，こうした幼児期の経験が，小学校以降の学習につなが
っていることを，保育者と小学校教諭が，理解して分かり合うことであ
る。ではどうすればその理解は得られるのだろうか。この**「幼児期の終** 幼児期の終わりまでに育
ってほしい姿
わりまでに育ってほしい姿」を改めてよく読んでもらいたい。たとえば
最初の，健康な心と体については次の通りである[2]。

(1) 健康な心と体
　幼稚園生活の中で，充実感をもって自分のやりたいことに向かって心と体
を十分に働かせ，見通しをもって行動し，自ら健康で安全な生活をつくり出
すようになる。

ここには，子どもたちがのびのびとやりたい遊びに取り組みながら，

健全に生活を送るようになる姿が書かれている。これは，何かこれまでにないような新しい子どもの姿が書かれているのではなく，以前からの保育においても見られていた育ちの姿そのものである。また他の項目についてもすべて同様である。ではなぜ，これまでも見られていた内容を，この改訂の機会にわざわざ明記したのか，ここがポイントである。

　この10の姿は，幼稚園や保育所などの就学前の各園所から，小学校への進学に向けて，小学校の教諭と保育者の間で，子どもの**育ちを伝え合ったり共有したりできる**ようにするためのものである。そうすることで，幼児教育と小学校教育が滑らかにつながることを大きな目的の1つとしていると考えてよいだろう。

育ちを伝え合ったり共有
したりできる

（2）　小学校との接続の実際

　小学校との接続を考える場合にもっとも有効なのは，園児と小学生，また保育者と小学校教諭が実際に顔を合わせて交流することである。そして，どちらか一方のためではなく，互いに意義深いものとなるように協力し合わなければならない。そうした小学校との関係のもと，交流や連携の機会を重ねることで，本来の目的である**円滑な接続**が生まれるのである。

円滑な接続

　つまり交流の機会は，小学生にとっては，優しさや相手の気持ちを理解すること，また年長者としての自信につながることが目的となるだろう。そして，園児は，小学生に対する憧れが芽生え，優しさを受けることで小学校入学への期待や喜びが膨らむことだろう。そうした目的を保育者と小学校教諭が理解し，共有して計画を練ることが大切だ。また交流後には互いに交流の様子を振り返り，子どもたちの育ちを喜び合い，課題を見つけて共有できると，この交流は回を重ねるごとに実に意義深いものとなる。

　そのために，私たち保育者と小学校教諭は，**互いのことを知る**ことから始めよう。すなわち保育者は，子ども同士の関わりを育むために，小学校以降の学習についての理解も深める努力が必要ということだ。交流の場も，園と小学校の両方であることが望ましい。実際に，見て，触れて，経験することで理解するのは子どもたちのみならず，私たち保育者

互いのことを知る

や小学校教諭も同様だからである。そうしたことを踏まえて，交流の機会を互いの**年間計画に位置付ける**ようにしたい。

年間計画に位置付ける

CASE

小学校の給食に招待してもらったよ

　5歳児が卒園前に給食を体験。小学生が優しくお世話をしながら一緒に食べてくれるので，園児はとても嬉しそう。こうした経験が，小学校入学への期待や憧れにつながる。

---

4 特別な関わりを必要とする子ども

（1）子どもを理解する

　保育の現場では，1人1人違った個性をもつ多くの子どもたちが集団生活を送っている。その中には，集団生活をスムーズに行うのが難しい子どももいる。そうした子どもの背景には，発達の遅れや偏りといった，生まれ持っている先天的要因，家庭環境や不適切な大人との関わりといった後天的要因など，さまざまな原因が考えられる。そのため，保育者は丁寧に**子どものもつ困難さを理解**し，1人1人に応じた適切な保育を行う必要がある。

子どものもつ困難さを理解

　ただし，保育者の理解が一方的な思い込みにならないように注意が必要である。それは子どもの背景は1人1人さまざまで，要因も1つだけとは限らないからである。そのため，保育者自身が自分の理解が本当にそれでよいのかを問い続け，ときには謙虚に周りの声に耳を傾けながら，**適切な理解と判断**をすることが大切になる。

適切な理解と判断

（2）　発達障害の子どもへの支援

　配慮を要する子どもの中には，「発達障害（※障がい・障碍）」と診断される子どもたちもいる。これらの子どもたちの多くは，相手の気持ちを理解したり，周りの状況を汲んで行動したりすることが苦手で，困難が生じがちである。そして，そうした特性も１人１人異なっていて，ひとくくりにはできない。１人１人の実態を把握し，必要な支援はどのようなものかを探っていかなければならない。そして，その子どもにとって適した支援であれば，段階を追いながら，繰り返し行うことが重要である。

（3）　特別支援教育をふまえた集団での育ち合い

　人と関わる力，コミュニケーション能力は，さまざまな関わりによって育まれる。そしてそれは，特別な支援を必要とする子どもも同様である。ただし，そうした子どもの場合は保育者の支援や配慮が不可欠だ。その子どもが人と関わるときに，どのような困難さがあるのかを見抜いたうえで，ほかの子どもとの関わりが不安にならないように，適切に橋渡ししていくことが求められる。

　また，困難を抱えた子どもをクラスの中心に据え，その子どもと周りの子どもとの関わりを通じて，**クラス全体が育つ**ことも多々ある。子ども自身が，自分と他者との違いを感じ取り，思いやりをもって，場面に応じた関わり方ができるようになれば，それは全体にとって大きな学びとなるからにほかならない。保育者はそうしたクラスづくりを目指し，**自身がモデル**として姿を見せることが大切である。

　特別支援教育・保育とは，すべての子どもの教育的ニーズを把握し，１人１人に必要な指導や支援を行う教育・保育である。１人１人の実態を把握し，その子どもに応じた指導・支援をすることは，実は保育の基本原則そのものであるといえよう。つまり，保育者１人１人が保育の原点に立ち，自身の保育を見つめ，その質を高めることにつながるのである。

クラス全体が育つ

自身がモデル

特別支援教育・保育については，保育者が日々学び続けることが大切である。とはいえ，保育の現場にはさまざまな支援が必要な子どもがいるため，ときには外部の**専門機関との連携**が必要になるケースもある。

地域の児童福祉に関する機関（児童福祉司，家庭相談員，保健師など）や，保健・医療機関（医師，言語聴覚士，医療ソーシャルワーカーなど），また教育機関（特別支援教育コーディネーター，教育相談員など）について，必要に応じて協力や連携を取り合えるように保育者が把握しておきたい。

またケースによっては，保育者が仲介して，そうした専門機関と保護者をつなぐ役割も担う。その際は保育者1人が抱え込むのではなく，園全体で相談し合いながら，それぞれの立場で役割を果たすように園内で連携を取ることを心がけよう。

専門機関との連携

5　異年齢での関わり

私が子どものころは，近所の子どもたちが近くの広場や公園に集まり，さまざまな年齢の子どもが入り混じって一緒に遊んでいた。野球のルールや，コマの回し方なども，そうしたコミュニティの中で，自然と年上のお兄ちゃんから教わったものだったが，みなさんの幼いころはどうだったろうか。

現代社会では，核家族化が進み，きょうだいの数も減少していることなどから，**異年齢で触れ合って遊ぶ機会が減少**している。そうしたことから，入園するまで，限られた大人としか遊んだことがない子どもが，一昔前に比べてずいぶん多くなったと実感する。

異年齢で触れ合って遊ぶ
機会が減少

本来子どもたちは遊びながら，年上に対する憧れを抱いたり，年下に対する思いやりの心が芽生えたりと，異年齢の関わりの中でさまざまな感情体験をする。そしてその遊びの中で，楽しさや譲り合いなどを共有し，互いが大切な存在であることに気付いていくものである。しかし，そうした機会そのものが減少している今，幼稚園や保育所などで，意図

的にそうした異年齢で関わる環境を設定することも，大きな役割の1つである。

そしてその際は，**異年齢での関係性**を大切にし，保育者は必要以上に口を出さず，とくに年長児に任せて見守る援助を大切にしよう。子ども自らが，相手にどのように関わればよいかを考えることこそが，大切だからである。

異年齢での関係性

CASE

竹馬こわくないよ。教えてあげるから，がんばって！

運動会で披露した竹馬を，5歳児が4歳児に教える。どのようにコツを伝えるか，経験を踏まえて考える5歳児。4歳児も簡単にあきらめない。そして保育者はその様子を側で見守る。実はこの5歳児も，かつて年長児から教えてもらった経験がある。こうした異年齢の取り組みが，子どもたちの自立やたくましさにつながっていく。

---

6 保護者とのコミュニケーション

（1）保護者との信頼関係

子どもを深く理解するうえで，保護者から家庭での様子や，これまでの育児について聞き，その子の経験や課題について知っておくことが大切である。そのためには，保護者と互いを理解し，尊重し合いながら共に子育てをしようとする**信頼関係**が必要である。

信頼関係

保育で預かる子どもたちの年齢は低く，当然その保護者自身も，保護者になってからの経験は浅い。とくに初めての子育てに臨んでいる保護者は，分からないことや不安をたくさん抱えていることだろう。身近に

誰か相談できる人がいればよいのだが，前述した通り，近年は核家族化が進み，地域との関わりも限られ，孤立してしまいがちな保護者もいる。

そうした**保護者の不安**を理解し，受け止めることが何より大切な子育て支援といえるだろう。そしてその役割を担うのが，保育の専門家である保育者であり，その窓口でなければならないのである。そのためには，保育者は保護者から心を開かれる存在でなければならない。また，子育てについて気軽に相談できる機会や雰囲気を，園全体でもつことも重要である。保育者という専門家の立場で上から保護者に指導しようとするのではなく，共に子育てについて考え合い，喜び合えるかどうかが大切なキーポイントになる。それぞれの保護者が抱えている子育てへの思いや悩みに耳を傾け，寄り添い，肯定的に受け止める姿勢を大切にしたい。

保護者の不安

(2) 子どもの育ちを発信する

保護者は保育中の子どもの姿や様子について，本質的には知りたいと思っていることだろう。自分の大切な子どもを預けている以上，それは当然の思いである。しかしながら実際には，詳しい保育の中身については保護者にはなかなか見えにくいものだ。

家庭との連携について幼稚園教育要領には次のように示されている[3)]。

> 『幼稚園教育要領』第１章 第6
> 【幼稚園運営上の留意事項】
> 家庭との連携に当たっては，保護者との情報交換の機会を設けたり，保護者と幼児との活動の機会を設けたりなどすることを通じて，保護者の幼児期の教育に関する理解が深まるよう配慮するものとする。

園行事や参観日，家庭訪問，個人懇談会など，さまざまな**情報交換の機会**を意図的に設け，子どもの姿を直接見てもらったり，保育者から見た様子を伝えたりしながら，園での取り組みを理解してもらうように努めることが必要だと書かれている。

情報交換の機会

何よりも大切なことは，日々の生活の中での小さな変化や育ちを保育者が見逃さず，送り迎えのときなどに，保育者自身の言葉で喜びと共に保護者に伝えるということだ。ほんの小さなことでも，この先生はちゃ

んと見てくれている…という安心感が，喜びとともに信頼関係を深めて
いくことになると考えよう。子どもの育ちを実感できたときに，保護者
との信頼関係もより深まり，**子育て力の向上**にもつながっていくのであ　　　　子育て力の向上
る。そのため，保育でのねらいを，自分の言葉で分かりやすく相手に伝
える力が保育者には求められる。

CASE

お家の人としっぽ取りで勝負！

　参観日に，普段している遊びを保護者にも体験しても
らう。子どもが自分たちで保護者に説明する姿はどこか
得意げで嬉しそう。保護者も一生懸命に遊びながら，子
どもの思いや頑張りを知り，保育の意味を理解すること
ができる。

【やってみよう】

　友達と，それぞれ保育者役，保護者役に分かれて，保育で大事にし
　たいことを話したり，質問をしたりしてみよう。その後，感じたこ
　とを伝え合ってみよう。

【引用文献】
1）文部科学省『幼稚園教育要領〈平成 29 年告示〉』フレーベル館，2017 年，p. 9
2）前掲書1），p. 6
3）前掲書1），p. 12

お薦めの参考図書

① 石上浩美編著『新・保育と言葉―発達・子育て支援と実践をつなぐために』嵯
　峨野書院，2022 年
② 久保山茂樹・小田 豊編著『障害児保育―障害のある子どもから考える教育・
　保育』光生館，2018 年
③ 佐々木宏子・鳴門教育大学学校教育学部附属幼稚園『なめらかな幼小の連携教
　育―その実践とモデルカリキュラム』チャイルド本社，2004 年

ま と め

1 保育者同士が１つのチームとして協力・連携することで，子ども１人１人の理解を深め，よりよい援助につながる。

2 保育カンファレンスにおいては，積極的に自分の考えや思いを自分の言葉で語り，他者の言葉に耳を傾け謙虚な姿勢で学ぶことが求められる。

3 子どもにとって，家庭や地域の人など，園内外のさまざまな人から温かい見守りや関わりを受けることは，安心感や自己肯定感につながる。

4 小学校との接続においては，保育は小学校の直接的な準備教育ではないことを踏まえ，幼児の遊びと小学校以降の学習とのつながりを意識した実践が大切である。

5 小学校との交流においては，保育者と小学校教諭が互いの取り組みを知り，実際の子どもたちの姿から育ちや課題を見つけられるように心掛ける。

6 特別支援教育・保育では１人１人が抱える困難さを理解し，それに応じたきめ細かい援助が求められる。その際，必要に応じて専門機関と連携をとることも保育者の役割である。

7 異年齢での関わりにおいては，そこでの関係性や子どもの主体性を大切に，見守るよう心掛ける。

8 保護者との関係においては，保育者は保護者の不安を受け止めながら，共に子どもを育て合えるよう，少しずつ信頼関係を積み重ねていきたい。そして，園と保護者の相互理解においては，保育の情報発信が有効である。

第Ⅱ部
保育内容の指導法「人間関係」

第8章

保育者との信頼関係を基盤とした子ども同士の関係構築と保育展開

1 自他の気持ちの違いに気付き，自分の気持ちに気付く援助のあり方

　子どもが，１人で遊ぶときは，玩具も遊び場も自分の思うように使うことができる。しかし，複数の子どもが同じ場で遊ぶと，思うようにならないことが出てくる。さらに，一緒に遊ぶとなると，思いが**ぶつかり合う**こともある。そんなとき，どう**折り合いを付ける**のか，**葛藤**が生まれる。**いざこざ**が起きたときこそ，相手にも考えがあることを知る機会となる。

ぶつかり合う

折り合いを付ける
葛藤
いざこざ

（1）保育者の温かな受容と共感的関わり

1）事例から考えてみよう（※印は保育者の留意点）

> **CASE**
>
> **このブロックがいる！**（３歳児）
>
> 　保育室にブロックコーナーがある。数人がカゴの中からブロックを取り出して，家や車などを作って遊んでいる。A児は，突然，B児が使っているタイヤ付きブロックを取った。驚いたB児は取り返そうとする。A児は「これがいる」と言って返さない。

① 保育者は，A児がなぜB児の使っている玩具を取ったのかを考える。

○目の前にあったから，欲しくなったのだろうか。

○自分が作るのに，そのブロックが必要だったのだろうか。

○B児が楽しそうに遊んでいたから，衝動的に取ったのだろうか。

※A児の行動には，性格や経験を踏まえたさまざまな理由が考えられる。

② 保育者は，A児とB児に対してどのように関わればよいか。

○保育者は，それぞれの思いに寄り添いながら，A児が，B児の使っている玩具を取った事実を確認し，それぞれの話を聞く。

○保育者が仲介者となり，A児とB児で話し合う場をもつ。

・A児にB児の思いを伝える。

・B児にA児の思いを伝える。

※それぞれの発達段階によっても保育者の関わりは変わってくる。

2）実践してみよう

【ロールプレイ】

○A児，また，B児にどんな援助（言葉掛けなど）をするか考えてみよう？

・グループで，保育者役と子ども役になって，やり取りをしてみよう。

（例）A児に対して「そのブロック，Bくんが使ってたんだって」

「Bくん，困っているよ」

B児に対して「ブロックが急に無くなってびっくりしたね」

「Aくんに『ぼくが使ってた』って言ってみようか」

3）自他の気持ちの違いに気付き，自分の気持ちに気付く援助のあり方

A児の衝動的な行動を受け止めるが，行動の意味やB児の思いを保育者が整理し，どうすればよいかを一緒に考える。

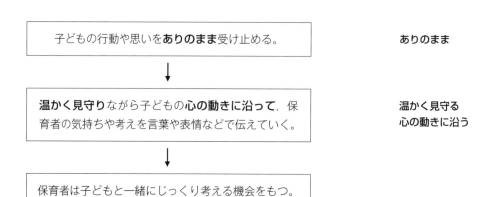

| 子どもの行動や思いを**ありのまま**受け止める。 | ありのまま |

↓

| **温かく見守り**ながら子どもの**心の動きに沿って**，保育者の気持ちや考えを言葉や表情などで伝えていく。 | 温かく見守る
心の動きに沿う |

↓

| 保育者は子どもと一緒にじっくり考える機会をもつ。 |

<u>保護者の関わりのポイント</u>

　子どもが自分の思いを主張した際，「そんなふうに考えていたのね」
（肯定）と保育者や友達に受け入れられたり，「それは嫌だ」「違うよ」
（否定）と拒否されたりしながら，自分や相手の気持ちに気付いてい
く体験が大切である。この体験や体験の過程が子どもの「自分で考え
て行動する」態度を育むことにつながっていく。

（2）　保育者の仲介役としての適切な関わり

１）事例から考えてみよう（※印は保育者の留意点）

CASE

ままごと「私がお料理するの！」（４歳児）

　保育室のままごとコーナーでC児がエプロンを付けて，１人で遊んでいた。C児はままごとが好きで，フライパンやお鍋をあるだけ出して使い，お皿に野菜や肉，魚などを盛り付けて遊んでいた。ままごとをしたい３人の女児がままごとコーナーに行くと，C児に押された。

---

① 保育者は，C児がなぜ３人の女児を押したのかを考える。

　〇自分が遊んでいるのを邪魔されると思ったのだろうか。

　〇C児は友達と遊ぶより，自分の世界を楽しんでいる発達段階であ
　　る。また，**自分の思い**を言葉で表現するのが得意ではない。自分　　　　**自分の思い**
　　が遊んでいるところに入ってきた３人の女児に「来ないで」とい
　　う気持ちでとっさに押してしまったのかもしれない。

　※保育者は，押された子どもにケガがないかを先に確認する。

② 保育者はC児やままごとコーナーに来た３人の女児にどのように
　関わればよいか。

　〇C児，３人の女児と状況を確認する。

　・C児と話をし，C児の思いを聞く。

　・３人の女児と話をし，**それぞれの思い**を聞く。　　　　　　　　**それぞれの思い**

　〇C児に３人の女児の思い，３人の女児にC児の思いを伝える。

　※C児は「１人で遊びたい」，３人の女児は「友達と一緒に遊びた

２）実践してみよう

【ロールプレイ】

○Ｃ児と３人の女児にどんな援助（言葉掛けなど）をするか考えてみよう。

・グループで，保育者役と子ども役になって，やり取りをしてみよう。

（例）Ｃ児に対して「Ｃちゃんは，お友達に来てほしくなかったの？」

　　　　　　　　「『嫌だ』と思ってお友達を押してしまった？お友達ケガするよ。痛いよ」

　　　　　　　　「お友達もキッチンでお料理して遊びたかったのよ」

　　　３人の女児に対して「Ｃちゃん，今は１人で遊びたいみたいよ」

　　　　　　　　「『嫌』って思って押してしまったんだって」

　　　　　　　　「『入ーれーて』ってＣちゃんに聞こえるように言った？」

３）自他の気持ちの違いに気付き，自分の気持ちに気付く援助のあり方

　Ｃ児の発達段階を考えると，まだ複数の友達と役割を分担して遊ぶのは難しい。しかし，嫌だからという理由で友達を押したり，玩具を独り占めしたりするのはいけない行為であることや，友達もままごとコーナーで遊びたい思いをもっていることは知らせる必要がある。

```
┌─────────────────────────────────────┐
│ 子どもが，自分の思っていることを相手に伝えられるように導く。 │
└─────────────────────────────────────┘
                    ↓
┌─────────────────────────────────────┐
│ 子どもが，自分自身に思いがあるように，相手にも思いや伝えた │
│ いことがあることに気付けるように導く。              │
└─────────────────────────────────────┘
                    ↓
┌─────────────────────────────────────┐
│ 保育者は，それぞれの思いや気持ちを受け止め，互いの思いがき │
│ ちんと相手に伝わるようにする。                  │
└─────────────────────────────────────┘
```

保護者の関わりのポイント

　子どもは思いが相手に伝わらずに困ったり，うまく伝わったことで**心を通わせたり**，**遊びが楽しくなったり**する。その子の性格や発達段階，今まで経験してきたことなどにより友達との間に**思いのずれ**が生じることがある。**仲介者**となる保育者は，それらを踏まえた関わりをすることが大切である。

心を通わせる
遊びが楽しくなる
思いのずれ
仲介者

２ ルールのある遊びと援助のあり方（※印は保育者の留意点）

　子どもは園生活においてさまざまなきまりがあることを知り，守ろうとする気持ちを育んでいく。保育者が「きまりは守るもの」と教え込むのではなく，友達との遊びを通して**きまりの必要性**を感じ，守ることの大切さに気付くようにしたい。ルールのあるさまざまな遊びを経験する中で，ルールを守れない子の思いを探り，**思いに寄り添い**ながらルールを守れるように導いていきたい。

きまりの必要性

思いに寄り添う

　※交通ルールなど命に係わる危険なことについてはこの類ではない。

①　生活や遊びの中で，ルールを守れない子がいる。ルールを守れない要因を考えてみよう。

②　友達と遊ぶとき，なぜルールが必要か考えてみよう。

（１）　フルーツバスケットをしよう！

〈フルーツバスケットの一般的な遊び方〉
①　リンゴ，メロン，バナナなどのフルーツの名前を決める。
②　自分がどの名前のグループになるか決める。
③　子どもたちは，円形になって椅子に座り，鬼（フルーツの名前を言う子ども）が円の中心にいる。
　　※椅子の代わりにフープでもよい。
④　鬼が「リンゴ」と言うと「リンゴ」になっている子が移動して椅子を変わる。「フルーツバスケット」と言うと，全員が移動して椅子を変わる。
⑤　椅子は，遊びに参加している子どもの数より１つ少なくしておき，移動したとき椅子に座れなかった子どもが次の鬼になる。

１）遊ぶなかで起きるさまざまないざこざ

【CASE 1】

自分のフルーツを呼ばれても，椅子を変わろうとしない子がいる。

〈子どもの思い〉

　　○自分の椅子は自分が座る椅子なので，誰にも座ってほしくない。

　　○空いている椅子のどの椅子に座ったらよいか分からない。

〈内面・行動の読み取りと保育者の援助〉

　　本児は自分の椅子で安定しており，他の椅子に座ることに不安があるようだ。**不安な気持ち**を受け止め，友達の椅子のどれでも座ってよいことを知らせる。フルーツバスケットの遊びを始める前に，椅子を減らさず，全員が座れる「お引っ越しゲーム」をするのもよい。

不安な気持ち

【CASE 2】

自分のフルーツの名前を呼ばれ，立ち上がるが，どの椅子にも座ろうとしない。

〈子どもの思い〉

　　○どの椅子に座ろうかと迷っている間に，皆が座ってしまう。

　　○鬼になりたい。ずっと立っていたら鬼になれる。

〈内面・行動の読み取りと保育者の援助〉

　　迷っている間に皆が椅子に座り，座れなくなる場合もあるが，鬼になり，友達に注目されたい思いでわざと座らない場合もある。後者の場合，子どもたちは，フルーツバスケットの面白さを楽しめなくなってしまう。そんなときは，皆でルールを再度確認し合ったり，どうしたらよいか話し合う機会をもったりする。**考えを出し合う**ことで，「３回鬼になったら１回休み」や「一度も鬼にならなかったら拍手」などのルールができる。

考えを出し合う

【CASE 3】

空いている１つの椅子に２人がほぼ同時に座り，どちらも譲らず，ケンカが始まった。

〈子どもの思い〉

　　○どうしても椅子に座りたい。鬼になりたくない。

　　○自分が先に座った。○○ちゃんが遅かった。

〈内面・行動の読み取りと保育者の援助〉

　椅子に座れたり，座れなかったりするスリルを楽しむ遊びだが，ほ
ぼ同時の場合，「自分の方が先に座った」「絶対自分」「鬼になりたくな
い」と**譲れない思い**の**ぶつかり合い**で遊びが止まることがある。2人
で話し合って解決できることもあるが，解決できない場合は，遊んで
いる仲間全員で話し合うことも重要である。「早く座ったお友達を見
ておこう」「椅子にたくさん（スペース）座っているのはどっちかな」
など話し合う判断材料が出てくる。そして，参加している誰もが見て
いることで，**正しく判断**できるようになる。それが，新しいルールを
つくることになり，自分たちでつくったルールは守ろうとする意識が
高まる。

**譲れない思い
ぶつかり合い**

正しい判断

2）保育者の関わりのポイント

　子どもたちが，どこでつまずいているのか，解決すべきことは何かを
分かるように整理し，投げ掛けていくことが大切である。

> いざこざが起きたとき，その子どもの行動の何がいけな
> かったのかを考えるような働き掛けをする。

↓

> 自分がしたことの**善し悪し**を考えられるように導く。

善し悪し

↓

> 子どもがルールの必要性を理解し，「ルールを守ると遊び
> が楽しくなる」という経験を積み重ねられるようにする。

ポイント

　友達と遊ぶためには，共有するルールを守ることが必要になる。保
育者は，子どもが遊びをより楽しくするためにルールをつくったり，
ルールをつくり変えたりする体験を積み重ね，守ろうとする意識を高
めることができるよう導くことが大切である。

（２）　しっぽとりをしよう！

〈しっぽとりの一般的な遊び方〉
- 個の遊び
  - ① しっぽを付ける。
  - ② 逃げる場所（範囲など）を決める。
  - ③ １回目の笛の合図で走り始め，２回目の合図でしっぽを取る。
  - ④ しっぽを取られたら，最初の場所に戻り，座って待つ。
  - ⑤ しっぽを取られず，最後まで残った子の勝ちとなる。
- 集団（チーム）での遊び（※基本ルールは「個の遊び」と同じ）
  - ① チーム分けをする。
  - ② 相手チームのしっぽを取る。
  - ③ しっぽを取られず，最後まで残っている子の多いチームの勝ち。

１）遊ぶなかで起きるさまざまないざこざ

【CASE 1】

しっぽを取られたくない気持ちが働き，短く付ける子がいる。

〈子どもの思い〉

　　○しっぽを取られたくない。ずっと友達のしっぽを取り続けたい。

　　○しっぽを短くすれば，取られないかもしれない。

〈内面・行動の読み取りと保育者の援助〉

　子どもの中には，しっぽを短くすると取られにくいと考え，しっぽが短くなるように付ける子がいる。しっぽが見えないのはおかしいと気付き，それはいけないと言う子や，同じように短く付ける子が出てくる。どうすればよいかを**話し合う機会**をもつ。本当にしっぽを短くしてよいのか。それぞれが考えを言い合うことで，**違う考え**を知り，改めることができる。子どもたちが考えたしっぽの付け方のルール「みんなに見えるように付けよう」といった新たなルールができる。

話し合う機会

違う考え

【CASE 2】

チーム対抗戦でメンバーがしっぽを取られ，自分のチームがいつも負けて怒っている。

〈子どもの思い〉

　　○たくさんしっぽを取りたい。

○負けてばかりで悔しい。

〈内面・行動の読み取りと保育者の援助〉

　年長児になるとチームでの活動をするようになるが，勝ちたくても，自分１人ではどうにもならないこともある。保育者は，本児の悔しい気持ちを受け止め，チームで作戦を考えることを提案する。作戦タイムでは思いのぶつかり合いや「今回は○○ちゃんの考えでやってみよう」といった相手の意見を受け入れることもある。話し合ううちに「（２回目の）笛が鳴ったらすぐ取ろう」「力いっぱい走って逃げよう」という共通の目標ができる。そして，「２人組で追いかけよう」「後ろから来たら『○○ちゃん，後ろ』って言う」など友達と力を合わせてしっぽを取る方法や気を付けることも考え出す。初めはうまくいかなくても，繰り返し遊ぶうちに作戦が成功すると嬉しくなる。**失敗体験**も**成功体験**も友達と共に経験することで，仲間への**信頼感**が育まれる。

失敗体験
成功体験
信頼感

２）保育者の関わりのポイント

「どうしても勝ちたい」という強い思いから気持ちがたかぶったり，力が入り過ぎたりするとルールを守れないこともある。また，いつもなら守れるルールも悔しい，悲しい，納得がいかないなどの気持ちが働いているときは守れないこともある。保育者は守れない要因は何かをつかみ，納得して気持ちを立て直せるように関わることが大切である。

```
┌─────────────────────────────────────────────┐
│ 子どもがルールのある遊びを経験し，友達と楽しく遊ぶためにはルー  │
│ ルを守る必要性のあることを理解できるように導く。            │
└─────────────────────────────────────────────┘
                        ↓
┌─────────────────────────────────────────────┐
│ ルールを守っていても負けてばかりで楽しくないこともある。保育者   │
│ は，子どもがその活動を楽しめるような働き掛けをする。         │
└─────────────────────────────────────────────┘
                        ↓
┌─────────────────────────────────────────────┐
│ 子どもが友達と共通の目標をもち，**試行錯誤**を繰り返し，仲間への信 │
│ 頼感がもてるように導く。                          │
└─────────────────────────────────────────────┘
```

試行錯誤

　保育者は，いざこざやうまくいかないという葛藤体験，それらを乗り越えていく過程を温かく見守っていくことが大切である。

3 友達との関わりを促す援助のあり方

CASE

リレー（5歳児）

　運動会が近づいていた。5歳児が4チームでリレーをしていた。チームで走る順番を考えたり，どうしたら勝てるかを話し合ったりして，日々，リレーを楽しんでいた。ある日，D児のチームが数回続けて負けた。するとD児が途中で走るのを止め，その場を離れてしまった。その後も，自分のチームが負けると分かると走るのを止めてしまう日が続いた。

〈子どもの思い〉

　○D児の思い：勝ちたいのに自分のチームが負けてしまう。悔しい。

　○クラスの友達の思い：Dくんがいなくなったらチームはどうなるの？

〈内面・行動の読み取りと保育者の援助〉

　保育者も周りの友達もD児が日頃から勝ち負けに対する**こだわり**が強く，**悔しい気持ち**を抑えられないことは知っていた。保育者はD児に「負けても最後まで走ろう」と話をするが，なかなか受け入れられなかった。泣いて，怒ってその場を離れる。保育者は，D児の勝ちたい気持ちと悔しい気持ちを受け止め，根気よくチームのバトンをつなぐことの大切さを話し続けた。クラスでリレーのルールについて話し合ったり，チームで走る順番をいろいろ試してみたりした。あるとき，D児のチームが勝ち，皆で喜んだ。D児も大喜びだったが，その後も負けると分かると走るのを止めて，その場を離れることが続いた。運動会当日，D児が第4コーナーで転倒してしまった。誰もが「走るの

こだわり

悔しい気持ち

を止めてしまう」と思ったが，D児は最後まで走り，バトンを友達に渡した。保育者や友達の**温かい関わり**がD児の悔しい気持ちを**達成感**に変えた出来事だった。

温かい関わり
達成感

<u>ポイント</u>

　子どもたちが日々の生活の中で，1人1人かけがえのない存在であることを知り，仲間への信頼感をもつようになっていく。保育者が1人1人の経験や心の育ちなどを把握し，子どもによっては自分に自信がもてなかったり，他の子より悔しく思う気持ちが強かったりすることを踏まえて，しっかり関わっていくことが大切である。

CASE

実習生ほのぼのエピソード──電子レンジ鬼ごっこ「せーの『チーン』」

　実習生が「子どもの成長を知りたい」「保育をしてみたい」と前向きな思いをもってやって来た。保育実習Ⅰで0・1歳児クラスから5歳児クラスまで2日間ずつ入り，保育実習Ⅱで4歳児クラスに入った。

　保育実習Ⅱの部分実習で実習生が考えた「電子レンジ鬼ごっこ」をすることになった。氷鬼のバージョンアップ版である。氷鬼でタッチされて氷になった子をタッチされていない2人が手をつなぎ「チーン」と言うと，とけてまた逃げられる。ルールを聞いたとき，楽しい発想だとは思ったが，2人組になって「チーン」と言っている間に，鬼にタッチされるのではないかと思った。

　部分実習当日，実習生から遊びの説明を聞いて電子レンジ鬼ごっこが始まった。最初，鬼は2人でスタート。鬼以外の17名は必死に走っている。走ることを楽しんでいる子もいる。途中「疲れた」と座り込んでいる子もいたが，皆，いい表情をしていた。鬼にタッチされ，凍る子が出てきた。初めは，実習生が遊び方を知らせるように，2人でロンド橋のように手をつなぎ「チーン」と言いながら助けていた。遊びが進んでいくと，タッチされた子どもが「助けてー」と言うようになった。気が付いた1人がその子のところへ行くと，どこからかもう1人がやって来て手をつなぎ，「せーの『チーン』」と言って逃げて行く。だんだん「助けてー」と言う子の声が大きくなる。聞いた子は「助けなきゃ」と思う。素早く2人組になって「せーの『チーン』」逃げる。タッチされる。「助けてー」「せーの『チーン』」……見ているほうも楽しかった。

　保育の中で，いくつかの課題はあったものの，実習生がねらった「2人で協力して友達を助ける」は達成されていた。

　実習に行くと不安なことも多々あると思うが，子どもと関わることができる貴重な機会である。いろいろな感じ方，考え方の子どもや，いろいろな表情，行動などで思いを表現する子どもがいる。大学などで

学んだ理論を確かめることもできる。実習期間中，やってみたいことを実践し，「子どもたちはかわいいな」「園って楽しいな」と思いながら１日１日を大切に過ごしてほしいと思う。

【参考文献】

１）内閣府・文部科学省・厚生労働省『幼保連携型認定こども園教育・保育要領解説〈平成 30 年 3 月〉』フレーベル館，2018 年

お薦めの参考図書

① 内閣府・文部科学省・厚生労働省『幼保連携型認定こども園教育・保育要領解説〈平成 30 年 3 月〉』フレーベル館，2018 年

② 高杉自子『子どもとともにある保育の原点』ミネルヴァ書房，2006 年

③ 中坪史典・山下文一ほか編『保育・幼児教育・子ども家庭福祉辞典』ミネルヴァ書房，2021 年

④ アン・カートライト／レグ・カートライト，レグ・カートライト絵，山口文生訳『ライオンくんはいばりんぼ』評論社，1992 年

⑤ わたなべしげお，かとうちゃこ絵『まんいんでんしゃ』福音館書店，1993 年

ま と め

1 いざこざが起きたときこそ「自他の気持ちの違いに気付くチャンス」と受け止め，子どもの成長につなげていく。

2 子どもが「ルールを守って遊ぶと楽しい」という経験を積み重ねられるようにする。初めは基本的なルールで遊び，必要に応じて，子どもと一緒にルールを考え，増やしていく。そうすることで「自分たちで作ったルールを守ろう」という意識が高まる。

3 子どもの行動には理由がある。その理由を言える子もいるが，言えない子もいる。泣いている子，怒っている子，いらいらしている子，じっと周りを見ている子など，保育者は，その子のありのままを受け止め，状況に応じて，一緒にじっくり考える体験を積み重ねていくことが大切である。

4 子どもは1人1人考え方や感じ方が異なる。その子の発達段階や性格，経験，育った環境などさまざまな要因，その日の健康状態などでその子への関わり方は変わってくる。

5 保育者が子どもと共に考えたり，喜んだり，悲しんだりするなど，1人1人の子どもに思いを寄せ，言葉にならない思いを感じ取ることが大切である。ときには，保育者が子どもの側に立って，子どもの思いを知ることも必要であると考える。

6 「温かい」まなざしで保育をする。人との関わりを育むには，人と触れ合うことが大切である。園では，保育者に見守られ，安心して生活する中で自己発揮できるようになる。認められると心が温かくなる。愛情いっぱいに子どもに接し，温かい人間関係を育みたい。

第 **9** 章

領域「人間関係」を視点とした保育の構想（模擬保育）

1 人間関係を視点としたインクルーシブ教育

2012（平成24）年，文部科学省より，障がい者等が，積極的に参加・貢献していくことができる「共生社会」の形成に向け，インクルーシブ教育システムの構築のため特別支援教育の推進が報告された。障害者の権利に関する条約第24条によれば，「インクルーシブ教育システム（inclusive education system, 署名時仮訳：包容する教育制度）」とは，人間の多様性の尊重等の強化，障害者が精神的及び身体的な能力等を可能な最大限度まで発達させ，自由な社会に効果的に参加することを可能とするとの目的の下，**障害のある者と障害のない者が共に学ぶ仕組み**である[1]。インクルーシブ（inclusive）とは，「包括的な，すべてを含んだ」という意味であり，すべての子どもたちが，共に過ごし，共に学ぶことができる教育を目指し，保育者は**1人1人に応じた教育支援**を探ることが求められている。

> 障害のある者と障害のない者が共に学ぶ仕組み

> 1人1人に応じた教育支援

では，保育の中でどのようにすべての子どもが共に過ごし，共に学ぶ保育を展開していくのか，3歳児の気になる子どもの事例から考えていきたい。

CASE

1．保育者の側にいるA児

好きな遊びの時間，A児は保育者の側から離れない。保育者が歩くと一緒に歩き，止まると一緒に止まる。保育者が他の子どもとボールを転がして遊び始めると，笑いながら保育者の隣でじっと見ている。保育者はA児も興味があるのかなと思い「A，一緒にやってみる？」と声を掛ける。A児は「どうやって」と言う。保育者がA児から少し離れ「転がすから取ってね。行くよ」と言い，ボールを転がそうとする。A児は泣き始める。保育者は転がすのを止め，A児の側に行く。持っているボールを先ほど一緒に遊んで

いた子どもに「行くよ」と声を掛け，転がす。再び，保育者と子どものボールの転がし合いが始まる。保育者は，泣いているＡ児に「一緒にボールが転がっているのを見ようか」と背中をさすり，声を掛ける。しばらく泣いていたＡ児は，再び笑いながら保育者の側でボールが転がる様子を見ている。

　保育者は，遊びの様子を笑顔で見ているＡ児に，今なら遊び出せるのではないかと思い，声を掛けた。しかし，Ａ児の楽しみは保育者の側で見ることであり，保育者と一緒にすることではなかったようだ。泣き出したＡ児に「一緒に見よう」と声を掛け，Ａ児が**心地よく思えていた場を作っていく**ことで，再びＡ児は**自分のしたいことを楽しむ**ことができた。保育者は，表情や動き，言葉など子どもの見える姿から，先の育ちを見据え，今必要な関わりや環境を考え，子どもと関わっていく。しかし，保育者が必要と考えた関わりや環境が，必ずしも，子どもが感じている今必要な関わりや環境と一致するわけではない。子どもは**行きつ戻りつ**しながらその子のペースで育っていく。子どもの思いとずれたと感じたときは，進むのではなく，戻ることも大切である。

心地よく思えていた場を
　作る
自分のしたいことを楽し
　む

行きつ戻りつ

CASE

２．ロッカーや棚に上るのが大好きなＢ児

　高い所に上るのが大好きなＢ児はロッカーやままごとの棚など，さまざまなものに上り，上から飛び降りようとする。ままごとの棚に上ろうとしていることに気付いた保育者が「棚が倒れるから下りようね」と声を掛けながらＢ児を抱きかかえ，棚から下ろす。Ｂ児は「きゃー」という声をあげ，再び棚に上ろうとする。保育者が棚に上るのを止めようとＢ児に触れると，「きゃー」という声を繰り返し，泣き始める。保育者は「これは上ってもいいよ」と保育室に巧技台やゲームボックスで上れる場を作っていく。Ｂ児は一番高い所まで上ると，頂上に座り，じっと周りを見ている。保育室にいた子どもも「これ何？」「上っていいの」と巧技台やゲームボックスに上っていく。

　「保育室のロッカーや棚に上がり飛び降りる」行為を保育者がどう捉えるのかで，その後の関わりが変わってくる。負の行為として捉えれば子どもの行為を止める関わりになるだろうし，そうでなければその行為を生かす関わりになってくる。この事例では，保育者はＢ児の行為を止

めさせたい気持ちをもっていた。その気持ちをもちながらも，Ｂ児の姿からＢ児は高い場所へ興味をもち自ら関わろうとしている，難なく上ることから身体能力の高さもあると考え，Ｂ児の**興味やもっている力が最大限に発揮**できるための方法として，巧技台やゲームボックスで上れる場を作っていったのである。今，子どもがしていることがどうすれば失敗の経験でなく，**次につながる意味のある経験**となるのかを考え，保育者は，保育者から見える姿でなく，子どもが何を感じ，何を見ているのか，**子どもの立場から行為を見ていく**ことが大切である。また，Ｂ児のために作った遊びの場は，周りの子どもたちにとっても魅力的なものとなり，自然と子どもたちが集う場となる。Ｂ児は自分の上りたい欲求を満たしながらその場に居続けることで，場を通し周りの友達と過ごす心地よさも感じられている。１人の子どものことを思い作っていく環境は，**周りの子どもたちにとっても意味のある環境**となり，自然と子ども同士をつないでいく場となっていくのである。

興味やもっている力を最大限に発揮

次につながる意味のある経験

子どもの立場から行為を見る

周りの子どもたちにとっても意味のある環境

■ CASE

３．泣いて訴えるＣ児

朝の用意を終え，遊びに行こうとしたＣ児は突然，その場に寝転び，大声を上げて泣き始める。保育者が「どうしたの」と声を掛けるが，「違う」と繰り返し言い，泣き続ける。周りにいた子どもも，突然の大泣きにその場に立ち尽くし，じっとＣ児を見ている。何が違うか分からない保育者は，Ｃ児が家庭から持ってきたタオルで涙をふきながら「違うんだね」と声を掛け，体をさすっていく。涙を拭くことで気持ちが落ち着いたのか，Ｃ児は泣き止み，何事もなかったかのように外へ遊びに行こうとする。靴を履き替えようとしたＣ児は，靴箱の前で再び寝転び「違う」と言い大声で泣き始める。上靴が脱げなかったのかと思い，保育者は「上靴一緒に脱ごうか」と声を掛けるが，「違う」と泣き続けている。保育室にいた子どもは扉から顔を出し，じっとＣ児を見ている。園庭の子どもも遊ぶのを止め，Ｃ児の様子を見ている。保育者がタオルを持って来て涙を拭くと，Ｃ児は泣き止む。その後，Ｃ児が泣くと，周りの子どもがＣ児のタオルを持って来て，涙を拭くようになった。

寝転び泣き続けるＣ児の側に保育者が行くことは，Ｃ児に行為により自分の気持ちが伝わったこと，自分に**寄り添ってくれる人**がいることを感じる機会となる。また，Ｃ児の発した「違う」という言葉は，自分の

寄り添ってくれる人

気持ちを伝えるには十分な言葉ではないものの，**言葉で自分の気持ちが相手に伝わる**ことも感じている。周りの子どもは，泣いているＣ児をじっと見ていることで，Ｃ児に関心があることを示している。しかし，どう関わったらよいのか分からず，戸惑っているのである。保育者がタオルで涙を拭くことは，周りの子どもに関わり方を伝えることとなる。**方法が分かる**ことで，周りの子どもも自然とＣ児と関わろうとし始めている。子どもは，身振りや手振り，表情，声などさまざまな方法で自分の思いを表していく。今，身に付けている精一杯の方法で自分の気持ちを相手に伝えようとしているため，保育者も子どもの思いを精一杯感じ取り，子どもが自分の思いを受け止めてもらえた嬉しさを感じたり，自分の思いを伝えたいと思ったりしていけるよう関わっていくことが大切である。また，人とどう関わるのか，子どもは保育者の関わり方をよく見ている。そのため，保育者は実際に方法を示し，**関わり方の見本**を示していくことも大切である。関わり方が分かることで，子どもたちは，安心して周りの人と自ら関わろうとしていくのである。

CASE

４．異年齢児と遊ぶＤ児

　３歳児のＤ児は好きな遊びの時間になると４歳児が遊んでいる場へ行き，フラフープや鉄棒，ごちそう作りなど，４歳児のしていることを真似，後ろを追いかけながら遊んでいる。４歳児はＤ児に「これ貸したろか」「一緒にする」と話しかけている。園庭にいる３歳児担当の保育者に「見てて」「一緒に遊ぼう」とＤ児が話しかける姿はあるが，３歳児が遊んでいる場にはやってこない。保育者は４歳児担当の保育者にＤ児も一緒に見てもらうようお願いをする。学級の活動になり，リズム遊びが始まる。Ｄ児の大きな動きに学級の子どもたちはＤ児から少し距離を取って動いている。Ｄ児が側にいる子どもと手をつなごうとすると，さっと手を引かれつなぐことができなくなる。Ｄ児はその場に立ち尽くす。保育者は「一緒にしようか」とＤ児の手を取り，Ｄ児と一緒にリズム遊びを始める。すると，保育者のもう一方の手をＥ児が握る。保育者は「Ｅも一緒にしようか」と言い，３人でリズム遊びを始める。

　好きな遊びの時間のＤ児は，４歳児の遊びを真似ながらいきいきと遊んでいる。４歳児の遊びへの憧れや自分の思いが通じる嬉しさを感じ，Ｄ児は４歳児の中で過ごす居心地のよさを感じている。一方，学級の活

動時，思うようにならずその場に立ち尽くす姿から，D児は同年齢児と
どう関わったらいいのか戸惑っていることが分かる。そこで，好きな遊
びの時間は４歳児の担任の協力を得て，４歳児の中でD児がいきいきと
遊べるよう支えていった。保育者がD児の行為に込められた思いを受け
取り，手をつないでいくことで，D児は気持ちを立てなおすことができ，
活動に負の感情を感じたまま終えることを回避できた。また，保育者が
E児の手を握ることで，保育者を通し，同年齢の子どもと一緒に活動す
る楽しさを感じられることにもなった。同年齢児と遊ぶ難しさを感じる
子どもにとって，過ごしやすい環境は何か。その子の様子や今後の指導
の方向性などを**園全体で共有**し，担任１人で抱え込むのではなく，**学年
を超えて連携**をし，子どもを支えていくことが大切である。一方で，同
年齢児との関わり方を探り，つながる嬉しさを感じていけるよう，保育
者が子ども同士の間に入り，**つながるきっかけをさりげなく作っていく**
ことも必要である。

園全体で共有
学年を超えた連携

つながるきっかけをさり
げなく作る

CASE

５．保育室に入って来ないF児

　好きに遊ぶ時間が終わり学級の活動が始まる。F児は園庭にある水たまりに石を落とし遊び続ける。保
育者はF児に「部屋で絵本を見よう」と絵本を見せ，保育室に入ることを促す。F児はちらっと保育者の
方を見たものの，再び水たまりに石を落とし始める。園での過ごし方を保護者や療育機関と話し合う。療
育では，椅子に座り過ごしていることや手遊びや体操をしていることを知り，好きに遊ぶ時間の後は必ず
椅子を出し，療育でしている活動を取り入れていく。F児は保育室に椅子が並ぶと，自ら保育室に入り，
椅子に座ることが増える。また，療育でしている手遊びをすると笑顔で一緒にやっている。

　F児は何をするのか，何が始まるのか，見通しがもてず，保育室での
活動はF児にとって「やってみたい」と思える魅力的なものにはならな
かったのである。また，保育室が，F児にとって安心できる居場所でも
なかったのであろう。どうすればF児にとって，学級の子どもと一緒に
過ごす時間が，楽しいものとなるのか保護者や療育機関と一緒に話し合
いを行い，療育機関に似た環境を作り，同じ遊びを取り入れていくこと
は，F児に安心をもたらし，保育室で過ごすことへとつながっていった

のである。1人1人の子どもが安心して園生活を過ごし，自分を発揮していくためには何が必要なのかを園だけでなく，**家庭や関係機関と連携**し，共に考え，その子にあった安心して過ごせる場を作ったり，安心して参加できる活動を取り入れたりしていくことが大切である。

　たとえば，事例1でA児を遊び出せないと捉えるのか，友達の遊びを見て楽しめていると捉えるのかのように，保育者が子どもの見える姿を気になる姿と捉えるのか，その子のよさとして捉えるのかで，その後の指導の仕方が変わってくる。1人1人の特性に応じるとは，保育者が見えた子どもの姿をいかに**その子らしさ**，**その子のよさ**として捉えられるのかにかかってくるのではないだろうか。

　また，子どもにとって，自分と同じ気持ちを共に感じてくれる大人の存在は大きい。そのため，保育者は，子どもにとって自分と同じ気持ちを共に感じてくれる**理解者**になることが大切である。そうすることで，子どもは人とつながる喜びを感じるとともに周りの子どもたちも，保育者の関わり方を真似，その子とつながろうとしていく。保育者が1人1人の理解者になることが，みんなが共に過ごし，共に学ぶ教育の第1歩になっていくのである。

2 人間関係を視点とした指導案の作成

　日々の保育を行うため，保育者は「教育課程に基づいて幼児の発達の実情に照らし合わせながら，一人一人の幼児が生活を通して必要な経験が得られるような具体的な指導計画を作成[2]」する必要がある。ここでは，短期の指導計画である週案，日案から指導案の作成の仕方を考える。

　表9-1は，A幼稚園の5歳児11月第4週の週案である。前週の姿から「友達とイメージや考えなどを伝え合い，相談したり，共有したりしながら遊びを進める楽しさを感じる」ことをねらい，ねらいを達成するための内容に向け，環境の構成と保育者の援助が具体的に計画されている。これをもとに，日々の保育の計画である日案が作成される。日案を

● 表9-1 ● 5歳児11月第4週指導計画

5歳児　すみれ組　　11月第4週指導計画〈11月24日（月）～11月28日（金）〉

前週の子どもの姿

サッカーのコートをラインで描くこととなり，自分たちでラインカーを使いながらコートを作る。友達と「パス」と声を掛け合う，作戦を考えるなどして遊びを進めていこうとする。負けていると「一緒にしてくれへん」と仲間を誘い，勝つためにチームの人数を増やす方法を考えている。縄遊びや竹馬，一輪車には継続して取り組み，跳び方や回数，距離などに挑戦している。園内でさまざまな実ができていることに気付き，砂で作ったごちそうに飾ったり，作ったごちそうを友達と一緒に食べたりしている。恐竜ワールドではジェットコースター，お土産売り場など作りたいもののイメージを友達に伝え，作っていこうとしているが，一緒に遊んでいた友達がサッカーをするようになり，共に作る友達がいなくなってきている。コウモリごっこでは，怖い洞窟を作ろうと，ぶら下げる折り紙のコウモリを増やす，黒い布で屋根を作り暗くするなどしている。黒い布で羽を作り自分たち自身がコウモリになろうとも始めている。折り紙でさまざまな動物を折り，動物の布団や家を作り始め，折り紙が折れたことに満足するのではなく，そこからイメージを広げて遊んでいる。

○ねらい　・内容

○友達とイメージや考えなどを伝え合い，相談したり，共有したりしながら遊びを進める楽しさを感じる。
・自分のイメージや考えをさまざまな方法を使い，友達に分かるように伝えていこうとする。
・友達のイメージや考えに耳を傾け，友達の思いを受け入れたり，自分なりに新たなイメージや考えをもったりして遊ぶ。
・遊びに必要な役割，ルール，作戦，材料，場などを友達と話し合い，決めたことを守ろうとしたり，一緒に作ろうとしたりする。
・友達と誘い合い，互いに刺激を与え合いながら，縄遊びや竹馬，一輪車に自分なりの目的や目標をもって挑戦していく。
・11月の誕生会の雰囲気を作る飾りを考え，友達と一緒に作ったり，飾ったりする。
○秋から冬への季節の移り変わりに興味をもち，自ら関わろうとする。
・修了証書授与式で自分たちの会場を飾る花であることを知り，好きな色の花を選び，世話をしていこうとする。
・園内外の木々の葉の色付き，風に散る葉，落ち葉の変化，木の実の実りなど身近な自然に関わり，気付きを伝え合ったり，遊びに取り入れたりする。
・収穫物の食べ方を話し合い，友達と協力しながら準備や調理を行い，収穫物をみんなで食べる。

△環境の構成	・保育者の援助
△サッカーのコートを自分たちで引いていけるようラインカーを準備する。作戦，ルールなど，それぞれの思いが周りに伝わるよう必要に応じて話し合う場を設ける。	・仲間と声を掛け合い共に戦おうとする気持ちを認め，応援をし気持ちを高めていく。興味をもった子どもが遊びに入りやすいよう考えたルールや作戦を学級で伝える姿を見守り，必要に応じ言葉を足したり，話をまとめたりする。
△縄遊びや竹馬，一輪車では，さまざまな跳び方や個々の頑張りを伝え合う機会を作り目的をもって遊びに取り組めるようにする。	・縄遊びや竹馬，一輪車では，自分なりの目標を持って取り組めるよう個々の頑張りを認めたり，学級で紹介したりしていく。
△園内で見つけた木の実，作ったごちそうなどを置いておく場を作り，飾りつけを工夫しながら継続してごちそう作りができるようにする。	・できあがったごちそうを食べながら個々の工夫を認めたり，やり取りを楽しんだりし，遊びのイメージを広げていく。
△恐竜ワールドやコウモリごっこでは，思い描くイメージを伝える場を設け，どのようなイメージで遊びを進めようと思っているのかを共有していけるようにする。	・どのように恐竜ワールドやコウモリごっこを進めようとしているのか自分の考えをさまざまな方法で伝えたり，友達の考えに耳を傾けたりできるよう投げかけていく。
△折り紙で作った恐竜を飾りイメージする世界を表したり，恐竜ワールドに必要なものが作っていけるよう今までの材料に加え，積み木，大きな段ボールなども置いておく。	・保育者も考えを提案しながら一緒に遊び，思い描くイメージの世界を作るためにどのようなものが必要なのかを共に考え，使えそうな材料を探したり，相応しいものを選んだりしながら作っていけるようにする。
△より怖い洞窟にするためには何がいるのかを話し合い，遊びに必要なものを共に準備していく。また，コウモリへの変身に使えそうな材料を置いておき，形，長さなどを考えながら作っていけるようにする。	・さまざまな材料を選び，イメージするものをどのように作ったらいいのか思い思いに試しながら考えたり，友達の考えも聞き取り入れたりする姿を見守り，ときに一緒に試しながら友達と共に遊びを進めようとする気持ちを支える。
△さまざまな折り紙に挑戦していけるよう，折り方の書いてある本や十分な数のいろいろな色や大きさの折り紙を準備する。	・折り方に困ったときは，本を見て一緒に折り方を考えたり，教えてもらえるよう折り方を知っている友達を伝えたりし，折れた喜びが感じられるようにする。
△友達の話に耳を傾けたり，一緒に考えたり，遊びのイメージを共有したりできるようそれぞれの遊びの様子や個々が抱いている思いなどを学級の友達と話し合う機会を設ける。	・困っていること（サッカーの人数，お客さん，共に作る仲間など），今しようとしていることなどを共に話し合い，解決方法を考え合う，それぞれの遊びを認め合うなどして，友達と相談することの楽しさや難しさが感じられるようにする。
△自分の植木鉢に名前を書いたり，好きな色の花を選び苗を植えたりし，親しみをもって花を育てていけるようにする。	・自分たちの修了証書授与式の日にも飾る花であることも伝え，好きな色を選び，大切に育てていこうとする気持ちがもてるようにする。
△木々の葉の色付き，風に散る葉，落ち葉の変化，木の実の実りなどへ関心が向くよう，子どもが目を向けたときにタイミングを逃さず取りあげる。	・幼児の気付き，驚き，発見，疑問などのつぶやきを受け止め一緒に見たり，考えたり，触れたり，周りに伝えたりして，共に関わり，関心を高めていく。
△サツマイモの調理方法を話し合い，必要な道具を自分たちで準備し，収穫したものを食べる機会を設ける。	・調理方法を家庭で調べてこようとする気持ちや自分たちで必要なものを準備しようとする気持ちを大切にし，収穫したものを大切に食べるようにする。
△誕生会の飾り付けが担当であることを伝え，11月の誕生会をどのように飾っていくのかを話し合い，会場を作っていくようにする。	・誕生児へ思いを寄せて遊戯室を飾るものを作っていけるようにすると共に，自分たちで会場を飾ろうとする姿を認めていく。

	24日（月）	25日（火）	26日（水）	27日（木）	28日（金）
行事		誕生会	子ども安全の日		
子どもの活動	○持ち物の整理をする。 ○「好きな遊びの時間」 ○片付ける。 ○話し合いをする。 ・誕生会の飾りについて。 ○弁当を食べる。 ○降園準備をする。	○誕生会に参加する。 ○話し合いをする。 ○弁当を食べる。	○話し合いをする。 ○間食をとる。	・避難訓練に参加する。 ○調理の準備をする。 ○弁当を食べる。	○サツマイモを調理する。 ○弁当を食べる。

（筆者作成）

作成するにあたり大切なことはその日の子どもの姿を具体的に捉えることである。

　そこで，表9-2の11月25日恐竜ワールドの遊びの記録を取り上げ，日案の作成方法を考えてみたい。G児は恐竜ワールドにジェットコースターを作りたいと思っている。しかし，仲間がいないことで思いは実現されないままである。1人でも遊び続ける姿から，作ることを諦めていない気持ちも窺える。そこで，学級の友達ともG児の遊びのイメージや思いを共有したらよいのではと考え，保育者は学級の活動時の話し合いでG児の遊びの様子を取り上げる。G児は作った物や言葉を使い，遊びのイメージや自分の思いを伝え，友達に協力を求めていく。また，友達も質問をしながらG児の話を聞き，G児の遊びのイメージや思いを受け取ろうとしている。このように，子どもの遊びに向かう姿や子どもが感じている遊びの面白さ，友達との関わり，話し合いの様子，子どもが抱く課題（挑もうとしていること）など，**具体的な子どもの姿**を捉え，そこでの**環境の構成や保育者の援助の意味**を振り返り，**子どもに育とうとしているものや育ちを支えるための環境の構成や保育者の援助**を考え作成されたのが表9-3の日案である。前日の子どもの姿を受け，思いの伝え合いや友達と共に遊びを進める楽しさを**ねらい**に掲げ，そのために**必要な経験**としてさまざまな方法で思いを伝えること，より楽しくなるよう友達とイメージを膨らませることなどの内容が示されている。また，保育を展開する**具体的な方法**として，さまざまな方法を試す材料の準備や話し合いなどの環境の構成，見守りや考え合う仲間としての参加，思いの整理役などの保育者の援助が考えられている。この計画のもと行われた遊びの記録が表9-4である。G児の思いは友達に共有され，共に考え合いながらジェットコースター作りが行われている。ジェットコースタ

　具体的な子どもの姿

　環境の構成や保育者の援助の意味
　子どもに育とうとしているもの
　育ちを支えるための環境の構成や保育者の援助
　ねらい
　必要な経験

　具体的な方法

● 表9-2 ●　11月25日恐竜ワールド遊びの記録

〈恐竜ワールド〉
11/25　G児が恐竜ワールドで遊び始める。一緒に遊んでいたH児らはサッカーに行っているため，1人である。G児は折り紙で恐竜を折り，飛んでいるよう紐で吊るしたり，飾ったりして恐竜ワールドを作っていく。「学級の活動」時，G児が恐竜ワールドについて話しをする。みんなを恐竜ワールドに連れていき，作った物の説明を1つ1つしていく。これまで一緒に遊んだことのなかった子どもも「これ何なん」「これはどうするん」とG児に尋ねる。G児は尋ねてきた子どもに，恐竜の名前や遊び方など，恐竜を動かしながら説明をしていく。最後に，みんなにジェットコースターを作りたいことを伝えている。

(筆者作成)

11月26日（水）	5歳児	男児：9名　女児：11名　　計20名

前日の子どもの姿
・好きな遊びの時間では，運動場でサッカー，縄遊び，ごちそう作り，一輪車，保育室で恐竜ワールド，コウモリの洞窟，コアラの家作りなどをする。サッカーでは，自分たちで作ったルールを守りチームの仲間と勝てる方法を考え，ボールを回し合う。また，勝った喜びを保育者や学級の友達に嬉しそうに伝えてもいる。勝ちの報告が続いたことで，運動会でのリレーの経験から，チーム編成について考えた方がいいのではという声が上がり始める。縄遊びでは，長縄の潜り抜けや跳ぶ数，短縄のさまざまな跳び方に挑戦し，友達と励まし合ったり，跳び方を見せ合ったりする。ごちそう作りでは，園内の木の実を飾って思い思いのものを作る中で，徐々に遊びのイメージをお店屋さんごっこに広げ，お店に必要なものを作ったり，お客を呼び込んだりする。保育室では，折り紙で恐竜やコウモリ，コアラを折り，恐竜ワールド，コウモリの洞窟，コアラの家などを作る。恐竜ワールドでは，学級の話し合いで，ジェットコースターを作りたい思いやジェットコースターのイメージを言葉や身振り手振りで伝えている。コウモリの洞窟では，洞窟を作ったり自分たちがコウモリになったりすることから，お客を呼び，怖がらせる遊びへ変わってくる。折り紙で作ったコアラをとくに気に入り，コアラの家を段ボールで作り始める。家に友達を招待しようと，招待状作りについて友達と話し合う。それぞれの遊びで個々のイメージを伝え，作るもの，遊び方などを友達と相談し遊びを進めている。 ・学級の活動では，自分たちが遊びの中で考えたことやこれから作りたいもの，困ったことなどを伝え合っている。伝え合ったり，見せ合ったり，体験したりすることで，それぞれの遊びの面白さを感じ，友達のもつ力のすごさを感じているようだ。また，友達の考えを次の日の自分の遊びに取り入れている様子も見られる。

ねらい	○自分の思いを伝えたり，友達の思いを聞いたりし，友達と相談しながら遊ぶことを楽しむ。 ○友達とルールやイメージなどを共有しながら遊びを進める楽しさを味わう。
内容	・さまざまな方法で思いを伝え合い，役割，ルールなど遊びに必要なものや遊び方を考え友達とイメージを膨らませて遊ぶ。 ・自分の目的や目標をもち友達と励まし合い，認め合いながら縄遊びや一輪車などに挑戦する。

時刻	△環境の構成	予想される子どもの活動	保育者の援助
8:45 〜9:00	△気温に応じて保育室を暖め過ごしやすくする。 △コートを書くラインカーを準備する。競い合う楽しさを感じるようチーム編成を話し合う場を設ける。 △挑戦できるよう長縄を回す。一輪車は進んだ距離が分かるよう線を引く。 △自分たちでお店屋さんを準備し，遊べるよう作ったごちそう，看板，机，椅子などを置いておく。 △試したり新たな方法を考えたりできるよう子どもや保育者の思う材料を十分な数準備する。 △驚かせて遊ぶために必要なコウモリ役とお客を呼び込む役を話し合う時間を作る。 △思い描く世界が作れるよう板や箱の段ボール，積み木，箱，紙，折り紙，ペン，絵具，接着剤を置いておく。 △さまざまな大きさの折り紙を用意し，選んで作れるようにする。	○登園する。 ・持ち物の整理をする。 ○好きな遊びをする。 ・サッカーをする。 ・縄遊びや一輪車に挑戦する。 ・お店屋さんごっこをする。 ・ごちそうや団子を作る。 ・お店の人になる。 ・恐竜ワールドで遊ぶ。 ・恐竜を折る。 ・ジェットコースターを作る。 ・コウモリの洞窟で遊ぶ。 ・コウモリを作る。 ・コウモリになり驚かせる。 ・コアラの家で遊ぶ。 ・コアラや家を作る。 ・家に入るチケットを作る。 ・折り紙で好きなものを折る。	・肌寒さ，木々の様子など登園時に感じた思いを聞きながら迎える。 ・友達と勝利を目指して遊ぼうとする気持ちを認めつつ，より楽しく遊べる方法を考えていけるよう投げかけていく。 ・数える，手で支える，友達の姿を共に見るなどし，挑戦する意欲を高める。 ・工夫しながら作っている姿を認めたり，お客になって遊びに加わりやり取りを楽しみ，イメージを膨らませたりしていく。 ・材料を試し，友達と考えを出し合いジェットコースターを作ろうとする姿を見守り，保育者もときに考えを伝える。 ・話し合いに加わり，思いを出し合い自分たちで役や動き方を考えていこうとする気持ちを支える。 ・友達と思いを出し合い，イメージを膨らませ遊ぶ姿を見守り，共有できるようイメージを確認していく。 ・もどかしさを感じながらも時間をかけて取り組もうとする姿を見守り，励ます。
10:40	△大変そうな場を知らせ，みんなで協力して片付けられるようにする。	○片付ける。 ・遊んだ玩具を片付ける。	・明日の遊びを見通しながら片付け，気持ちよく次の活動へ移れるようにする。
10:55		○手洗い，うがいをする。	
11:00	△実際に体験する，考えを確かめ合うなど，話し合うためのよりよい雰囲気や場を作る。	○話し合いをする。 ・思いやイメージを伝え合う。 ・遊びの進め方について考え合う。	・イメージを共有したり，考え合ったりする楽しさが感じられるよう，子どもの思いを整理しながら話し合いを進める。
11:35	△責任をもって当番を行う姿を認め，次の当番へと引き継ぐ時間を作る。	○間食をとる。 ・挨拶をし，食べる。	・自分たちで生活を進めていこうとしている姿を認めていく。
11:50		○降園準備をする。	・明日の生活を楽しみにしながら降園できるようにする。
12:00		○降園する。	

（筆者作成）

〈恐竜ワールド〉
11/26　H児が「G来ている」と言いながら登園する。一緒に遊ぼうと思っている。用意ができると「ジェットコースター作ろう」と
H児が言い，置いてあった箱の段ボールと板の段ボールをG児と一緒にガムテープで付け始める。2つが付くと板の段ボールを座卓
にたてかけ，H児は板の段ボールの上を滑ろうとする。G児には違った考えがあったようで「ねえ，聞いて」と声をかけるが，H児
は作ることに夢中で聞こえておらず，G児はすねている。しばらくすると，G児はすねるのを止め遊びを再開する。段ボールの置く
場所を考えてみるよう声をかけると，立方体の積み木を土台にし，「できるかな」と言い納得はしていないようだ。保育者が遊戯室に
いろんな積み木があることを伝えると「取って来るわ」とH児が言いG児と取りに行く。さまざまな大きさの中から長方形の積み木
を選ぶ。板の段ボールを付けて滑るが，板の段ボールと床との間に隙間があると板の段ボールが折れることに気付かないようで，滑っ
てみて初めて，板の段ボールには裏から土台をつけ支えないといけないことに気付く。I児も加わり一緒になって積み木を運び，
段ボールの隙間を埋めていく。板の段ボールの上を滑り箱の段ボールの中に入っていくジェットコースターができる。できると滑っ
て確かめる。勢いで箱の段ボールの上部で頭を打つと，G児は「これ（箱の段ボールの上部分）切ろう」と言う。I児は「切らんと
こっちみたいに折ったらいいねん」と言い，箱の段ボールの上の部分は折り曲げることとなる。H児は新たな段ボールでソリを作る。
滑り台はソリに乗り滑ることもできるようになる。G児は箱の段ボールの横に行くと恐竜になり「うお〜」と声をあげ，驚かせてい
く。I児はスズランテープや紙テープで水を表現し，投げたり，回したりしていく。お客がソリに乗りにくると，乗り方を伝える。
箱の段ボールの中に折り紙で折った恐竜もつけ恐竜の中を滑っていくようにする。学級の話し合いでG児は「失敗やった」と言う。
もっと長いジェットコースターを作りたいこと，箱の段ボールの中が思うように滑らなかったことが失敗と表現した原因のようだ。

（筆者作成）

ーは完成したものの，「失敗やった」の言葉に「より面白いものを作り
たい」という**子どもが挑もうとしている次の課題**も明らかとなっており，
明日の**保育の方向性**が示されている。

> 子どもが挑もうとしてい
> る次の課題
> 保育の方向性

　このように，具体的に子どもの姿を捉え，今子どもに何が育とうとし
ているのか，それを支えるための環境の構成や保育者の援助は何かを考
え，日案を作成していくのである。今日の保育を明日の保育へつなげる
日案の積み重ねが週案へとつながり，週案の積み重ねにより短期の指導
計画が作られていくことを想像し，日々の指導計画を丁寧に作っていく
ことが大切である。

3 保育の評価と小学校以降の教育との接続・連携

　保育を振り返り，子どもの姿から**子どもの理解**を進め，育ちを捉え，
それを支える環境の構成や保育者の援助を検討しながら明日の保育を考
えていくことが評価である。そこで，どのように評価するのか，❷の表
9-2，表 9-4 のG児の姿から評価を行ってみたい。

> 子どもの理解

　G児は1人でも遊び続け，興味あることに粘り強く取り組むことがで
きる。G児の思いの実現に向け，保育者が設定した学級の活動時の話し

合いで，G児は思いをさまざまな方法で伝え，また友達も思いを受け入れていく。G児の思いが友達に受け入れられたことで友達と共通の目的をもち遊ぶことが可能となる。G児はH児に話を聞いてもらえなくても諦めず粘り強さを発揮していく。保育者の投げかけは目的実現の手掛かりとなり，友達と考えを出し合いよりよい方法を探りながら目的に向かって遊びを進めていく。お客の参加は友達と協力し遊びを進めようとする気持ちをより湧き立たせ，責任をもって自分の役割を担っていく。また，よりよいものを目指し更なる試行錯誤を繰り返そうとする意欲も窺える。

　このように，子どもの姿から**子どものよさや可能性，伸びつつあるもの**を捉え子どもの理解を深めるとともに環境の構成や保育者の援助がもたらした意味を**振り返る**ことを日々行い，子どもの育ちを支えていくのである。育ちを明日の保育へつなげていくことは，幼児教育において育みたい資質・能力を育むことになり，小学校以降の教育の基盤となり，接続をたしかなものにしていく。また，育ちは5歳児後半になると「幼児期の終わりまでに育ってほしい姿」として具体的に表れてくる。この姿を手掛かりに，小学校の教諭と子どもの姿を共有し連携していくことも大切である。

子どものよさや可能性
伸びつつあるもの

振り返る

【引用・参考文献】
1）文部科学省「共生社会の形成に向けたインクルーシブ教育システム構築のための特別支援教育の推進（報告）概要」2012年（https://www.mext.go.jp/b_menu/shingi/chukyo/chukyo3/044/attach/1321668.htm, 2023年3月19日閲覧）
2）文部科学省『幼稚園教育要領解説〈平成30年3月〉』フレーベル館，2018年，p.98

お薦めの参考図書

① 文部科学省『幼児理解に基づいた評価〈平成31年3月〉』チャイルド本社，2019年
② 文部科学省『指導と評価に生かす記録〈令和3年10月〉』チャイルド本社，2021年
③ 大宮勇雄『学びの物語の保育実践』ひとなる書房，2010年
④ 文部科学省『幼児の思いをつなぐ指導計画の作成と保育の展開〈令和3年2月〉』チャイルド本社，2021年

まとめ

1 インクルーシブ教育では，保育者が1人1人の特性をその子らしさ，その子のよさとして捉らえ，その子らしさやその子のよさを伸ばす保育の展開を考えていくことが大切である。

2 子どもが人とつながる喜びを感じていくためには，保育者が，子どもにとっての自分と同じ気持ちを共に感じてくれるよき理解者になることである。

3 日案の作成で大切なことは，その日の具体的な子どもの姿から子どもに育とうとしているものを捉えるとともに，環境の構成や保育者の関わりが子どもの育ちにもたらした意味を振り返り，次の日の保育を計画するための道標にしていくことである。

4 今日の保育を明日の保育へつなげるため日々の指導計画を丁寧に考えていくことは，週案につながり，今週の保育を次週へつなげていくことで短期の指導計画が作られる。

5 評価では子どものよさや可能性，伸びつつあるものを捉え子どもの理解を深めるとともに環境の構成や保育者の援助の意味を振り返り，検討していくことが大切である。

6 育ちを明日へつなげていくことは幼児教育において育みたい資質・能力を育み，小学校以降の教育の基盤となる。

第**10**章

領域「人間関係」をめぐる現代的諸問題

現代社会における人間関係

　ここまで本書を読み進めた読者のみなさんは，領域「人間関係」について以前よりも理解できていると思う。しかし，改めて「人間関係とは何か」と問われた際，みなさんならどのように回答するだろうか。この問いに答えるには，人間を取り巻く社会の実情を知る必要がある。

　本章では，現代社会が抱える諸問題を整理することで，人間関係のあり方をさまざまな視点から確認していく。

（1）　Society5.0 の人間関係

　現代は **Society5.0**（図 10-1）だといわれている。これを内閣府は「サイバー空間（仮想空間）とフィジカル空間（現実空間）を高度に融合させたシステムにより，経済発展と社会的課題の解決を両立する，人間中心の社会」だと説明している。これは，簡単にいえば超情報活用社会といったところである。近年，私たちはスマートフォンやタブレット端末を使って気軽に情報を活用できるようになった。しかし，こうした便利な社会において，私たちは人との繋がりも便利に省略（簡便化）できてしまう。たとえば，**SNS** が台頭し，オンライン会議などが珍しくなくなった現代では，直接相手と会う必要がなくなった。また，さまざまな物品をネットで注文できるようになったため，外出する必要もなくなった。これだけでも，人と人の関わりが希薄化していると感じられる。便利な社会は，同時に私たちの人間関係を大きく変化させるのである。

Society5.0

SNS

（2）　三間（空間・時間・仲間）の減少

　これから先の社会では，ますます人と人の関わりが希薄になっていく

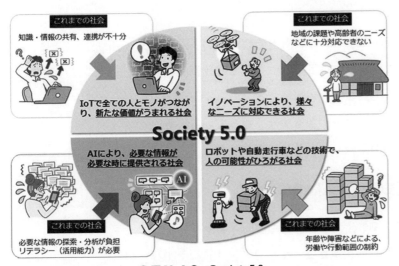

● 図 10-1 ● Society5.0

出典：内閣府「Society5.0」2022 年（https://www8.cao.go.jp/cstp/society5_0/index.
　　　html，2023 年 5 月 17 日閲覧）

かもしれない。社会がテクノロジーとともに便利に発展することは望ましい未来であると考えるが，一方では人間関係のあり方に目を向けて，人間関係の中で学べる教育的な事柄を大切にしたいものである。

　しかし，第 1 章 ❶ （2）でも述べられているが，現代社会では人間関係を充実させるための環境が少なくなっている。子どもたちが伸び伸びと活動するためには「三間（空間・時間・仲間）」が必要だといわれているが，こうした環境が貴重になっているのである。

空間……近所の公園から遊具が年々撤去されている[1]。また，小学校
　　　　や中学校では不審者対策の観点から校庭の自由な使用を制限
　　　　しているところもある。子どもたちが安心して自由に遊べる
　　　　空間が地域の中で減少し，家の中やデジタル（パソコン・ゲー
　　　　ムなど）でしか遊べなくなっている状況を目にする。

時間……時代とともに子どもの習い事が進化している。学研教育総合
　　　　研究所が 2022（令和 4 ）年に行った調査では，水泳，英会話，
　　　　体操教室，通信教室，音楽教室が上位 5 位となっている。そ
　　　　の他，最近ではプログラミングや動画編集の習い事もある[2]。
　　　　習い事自体はとくに問題ではない。しかし， 1 週間の中で習
　　　　い事が増えすぎれば，友達と遊ぶ時間が確保できなくなって

三間

しまう。

仲間……子どもの学びの過程には，「子ども同士の教え合い」が存在している[3]。これはまさに人間関係の中で起こる教育的利点の1つである。しかし，少子化の影響でひとりっ子が増えているし，近所に暮らす子どもの数も少なくなっている。そのため，一緒に遊ぶ仲間が減っているのである。

（3）少子化に伴う子ども同士の人間関係

近年の日本では，子どもが「同年代の子どもとの関わり」や「異年齢児との関わり」を得ることが難しい状況になっている。図10-2は2021（令和3）年までの出生数と**合計特殊出生率**を示したグラフである。2021（令和3）年は過去最少の出生数となっており，合計特殊出生率は1.30となっている。つまり，1人の女性（15歳〜49歳）が一生の間に生む子どもの数が1.30人になっているということである。このように，兄弟姉妹の存在が珍しく，ひとりっ子が増加している状況下では，家庭内で子ども同士の関わりをもつことも難しくなっている。

合計特殊出生率

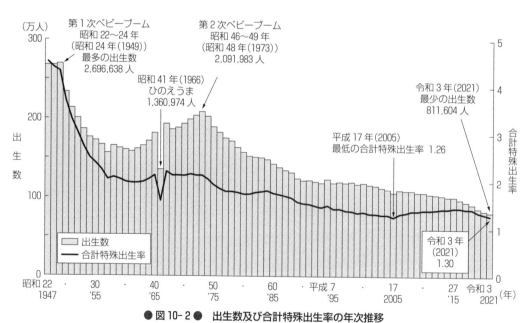

● 図10-2 ● 出生数及び合計特殊出生率の年次推移

出典：厚生労働省「令和3年（2021）人口動態統計月報年計（概数）の概況」2021年（https://www.mhlw.go.jp/toukei/saikin/hw/jinkou/geppo/nengai21/index.html，2023年5月17日閲覧）

2 子どもの人間関係を保障する「園」の存在

すでに確認したSociety5.0や三間の減少および少子化は，子どもを取り巻く人間関係のあり方を変化させる。こうした社会の中で子どもの人間関係を捉えて，十分な援助を図ろうとする場合，やはり「園」の存在は大きいと感じられる。大豆生田は，人間関係における園の意義を「**群れ育て**」と表現している[4]。群れとは集団のことであり，園における集団生活の教育的意義を示す言葉である。デジタルやネットワークが身近になり，「個」が際立つ現代だからこそ，保育者のみなさんには「集団だから学べること」を知ってほしいと思う。

群れ育て

（1）乳幼児の基本的生活習慣

乳幼児期には望ましい生活習慣がある。たとえば，農林水産省は「食事バランスガイド（図10-3）」を示しているし，子どもに必要な睡眠時間も提言されている（図10-4）。また，スマートフォンの利用が睡眠に悪影響を及ぼすことも明らかになっている[5]。

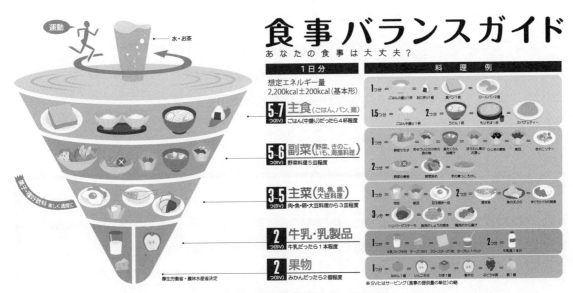

● 図 10-3 ● 食事バランスガイド
出典：農林水産省「『食事バランスガイド』について」2005年（https://www.maff.go.jp/j/balance_guide/, 2023年5月17日閲覧）

人間関係には身体的な活動を伴う。当たり前だが，不健康な状態では人と関わろうとは思えないし，身体も付いてこない。そのため，まずは健康な身体づくりが大切なのである。内閣府は「子供・若者白書[6]」の中で**基本的生活習慣**の大切さを示している。基本的生活習慣とは，**食事・睡眠・排泄・清潔・着脱衣**のことで，子どもが心身ともに健康に育つための生活の基盤である。乳幼児期に基本的生活習慣を身に付けることは重要である。厚生労働省は『保育所保育指針解説[7]』の中で，「基本的な生活習慣や態度を身に付けることは，子どもが自分の生活を律し，主体的に生きる基礎となる」と示している。つまり，乳幼児の時期に培った生活習慣が，その後の生活や活動の糧になるのである。とはいえ，各家庭の生活習慣は異なっているし，保護者の仕事などの都合もあって子どもの生活習慣に配慮することが難しい場合もある。だからこそ，園生活の中で基本的生活習慣の獲得を目指すことが大切なのである。

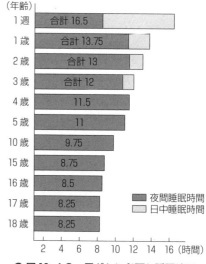

● 図 10-4 ● 子どもに必要な睡眠時間
出典：Ferber, R., *Solve Your Child's Sleep Problems*, Revised Edition, Touchstone, 2006, p. 374 をもとに作成

基本的生活習慣
食事・睡眠・排泄・清潔・着脱衣

（2） 体験活動の充実

　乳幼児にとって五感を通して学ぶことは重要である。脳の発達に伴って認知能力が育つ時期に，実際に存在するモノや環境に触れて感覚的に体験することは刺激的であるし，学びに繋がる。そのため，園生活でも**体験活動**の充実を図ることが大切である。また，体験活動を集団で行うことで，豊かな人間関係を生じさせることもある。下記の事例を確認してみよう。

体験活動

CASE

栗のトゲなんか痛くないもん（5歳児）

　明日はクラスのみんなで栗拾いに行く。担任のA先生は予習も兼ねて子どもたちに栗拾いの絵本を読むことにした。絵本の中には栗のトゲに気を付けようというメッセージもあった。しかし，B児は「トゲなんか痛くないよ」「俺がクラスで1番たくさん栗を拾うんだ！」と言って注意を聞かなかった。

　翌日，栗拾いに来た子どもたちは大はしゃぎ。A先生は栗のトゲが刺さらないよう子どもたちに手袋を

配っている。B児も最初は手袋を着けていたが，手袋があっては栗を拾いにくいと言って外してしまった。素手で栗拾いをしようとするB児。次の瞬間，「いたっ！」というB児の声が響いた。どうやら栗のトゲが手の皮膚に引っかかり取れなくなったようだ。周りのみんなも集まってきた。涙目のB児に向かってC児とD児は「手袋付けないからじゃん」「ゆっくり抜いてみよ」とB児を助けようとしていた。

　B児にとって栗拾いという体験活動は大きな学びになったと思う。栗のトゲの感覚や手袋の大切さは絵本を通しても分からなかった部分である。また，C児とD児はB児を助けるべく意見を出し合って目の前の課題を解決しようとしていた。体験活動の場では，さまざまな事柄を題材に子ども同士の関わり合いが生じる。こうした関わりの中で，気持ちの伝え方や折り合いの付け方を学び，人と一緒に活動することの楽しさを感じるきっかけになるのである。現在，文部科学省は「体験活動の教育的意義8)」と称して教育現場での体験活動を推進している。最近の調査では，自然体験活動を多く経験している子どもの方が自己肯定感や道徳観・正義感が高いこと（図 10-5）が分かっており，自立して行動できる傾向にある（図 10-6）といわれている。今後は，ますます保育の現場で体験活動を充実させる動きが見られると予想される。

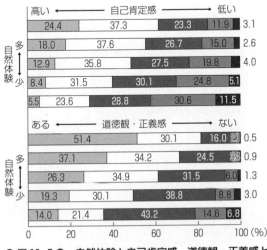

● 図 10-5 ● 自然体験と自己肯定感，道徳観・正義感との関係

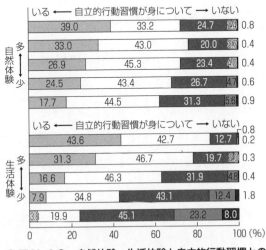

● 図 10-6 ● 自然体験・生活体験と自立的行動習慣との関係

上記 2 図の出典：独立行政法人国立青少年教育振興機構「青少年の体験活動等に関する意識調査（平成 28 年度調査）」2019 年（https://www.8.cao.go.jp/youth/whitepaper/r02honpen/s2_1.html, 2023 年 5 月 17 日閲覧）

（3）　異年齢児との関わり

　少子化が進む日本ではひとりっ子が増加している。また，近所付き合いが希薄になり，不審者対策の観点からも，地域で子ども同士が遊ぶ姿を目にすることは少なくなってきた。こうした社会背景から，令和に生きる子どもたちは異年齢児と関わることが少なくなっている。そうした中で，子どもが集まる園という環境は非常に貴重である。

　園では，意識的に異年齢児の交流を設けようとする場合がある。具体的には，「**縦割り保育**」や「**混合保育**」とよばれる保育形態の採用である。縦割り保育とは，「（同年齢だけでクラスを構成できる状況だが）あえて積極的に異年齢保育を取り入れよう」とすることである。一方で，混合保育とは，「（在園児数などの都合で同年齢だけのクラスが構成できないため）やむを得ず異年齢が混合した状態で保育を行おう」とすることである。

縦割り保育
混合保育

　異年齢児の関わりの中で，年下の子どもは年上に憧れや目標を持ち，逆に年上の子どもは年下の子どもに対して優しく対応することを通して自信をつけることに繋がるといわれている[9]。また，子ども同士が真似をし合い，教え合い，ときには一緒に考える時間が生まれる。このように，異年齢児の関わりには，主体的な学びや成長を促す可能性を期待できるのである。

（4）　自立心の芽生え

　園生活を通して子どもには**自立心**が育まれる。たとえば，基本的生活習慣は子どもの自立を促すし，体験活動や異年齢児の関わりでは活動するうえで自立心が求められる。保育内容「人間関係」には，「他の人々と親しみ，支え合って生活するために，自立心を育て，人と関わる力を養う」と明記されている。また，自立心は幼児期の終わりまでに育ってほしい10の姿にも含まれている。

自立心

　私たちが「自立」というとき，あたかも自分ひとりで生きていけるようになることだと思いがちだが，実はそうではない。熊谷は，「『自立』とは，依存しなくなることだと思われがちです。でも，そうではありません。『依存先を増やしていくこと』こそが，自立なのです」と述べてい

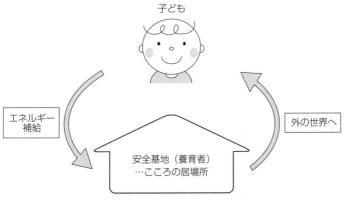

● 図10-7 ● 　安全基地と子どもの関係

る[10]。すなわち，子どもにとって自立とは，自らを律することも含まれてはいるが，保護者や保育者といった身近な大人と信頼関係を結ぶことによって社会の中で安心して活動できる状態をつくることだと考えることができる。

（5） 子どもと大人の信頼関係

　子どもと大人（保護者や保育者）が信頼関係を結ぶ際は「**愛着**」の形成が大切である。大人は子どもにとっての**安全基地**の役割を果たし，子どもは安全基地で安らぎを得てエネルギーを補給することで，再び外の世界に挑戦することができる。そのため，子どもがほっと安心できる居場所をつくることが大切なのである（図10-7）[11]。

　しかし，子育てに悩みを抱える保護者は少なくない。子どもと良好な関係を築きたくても，さまざまな要因からできないこともある。次節からは，家庭に目を向けて，子どもと大人の関係を取り巻く諸問題を確認したい。

愛着

安全基地

◆3 保護者を取り巻く人間関係

（1） 子どもと関わる経験の乏しい保護者の増加

　突然だが，みなさんには兄弟姉妹はいるだろうか。もしくは，幼少期

に近所の子どもと頻繁に遊んでいただろうか。時代の移り変わりとともに兄弟姉妹の存在が珍しい世の中になりつつある。また，近所付き合いが乏しい最近の世の中では，他の家庭の子どもを預かることや，近所の子どもたちの面倒をみるような経験を得ることも難しくなっている。

（2） 子育てに対する不安と困難

　子どもと関わる経験が乏しいことによる不慣れ感は，子育てに対して精神的な負担を与える場合がある。また，女性の社会進出に伴う共働き世帯の増加は，保護者に身体的な負担を与えることが予想される。他にも，家庭の経済状況によって負担感や不安感を覚える場合もあるだろうし，生活する地域の子育て支援体制も保護者には重要な問題である。

　こうした状況の中，**児童相談所**が対応した**児童虐待**に関する相談件数も年々増加し続けており，虐待が大きな社会問題になっている（ただし，これは虐待が行われた実数ではなく，相談対応件数）[12]。今後は，「子どもとの接し方が分からない」「子どもの育て方が分からない」という保護者に向けて，子育て支援や家庭支援を充実させるべく，アプローチすることが求められる。

児童相談所
児童虐待

（3） 情報社会ゆえの困難

　子育てに一生懸命で，どうにか情報を得ようと努力をしている保護者はたくさんいるだろう。その際，もっとも身近に情報を入手できるツールはインターネットである。検索機能を使ってキーワードを打ち込めば，山のような情報の中から調べたい事柄を探り当てることができる。しかし，インターネット上に漂うすべての情報が正しいとは限らない。専門家が書いている記事もあれば，素人が所感を述べているコラムだってある。本書を読んでいるみなさんは保育に関して学ばれているため，どの情報が正しいかを見分けることができるかもしれない。しかし，保育に親しみのない保護者が，膨大な情報の中から正誤を見分けることは困難である。保護者の中には，情報の迷路に入り込んでしまい，それがストレスになっている場合も見受けられる。だからこそ，保育の専門家である保育者が保護者とコミュニケーションを取り，正しい情報を提供して

いくことが大事なのである。

（4） 子育てと仕事の両立が困難

　現在では，多くの家庭が共働きだといわれている[13]。そこで問題になるのが「**小1の壁**」である。小1の壁とは，子どもが小学校へ就学した際に保護者が直面する課題のことである。たとえば，子どもが保育所に通っていた頃は夕方過ぎまで子どもを預かってくれた。そのため，保護者は仕事を終えてから迎えに行くことができていた。しかし，小学校は授業が終わり次第下校になる。小学1年生の場合は15時までに下校となることも珍しくない。そのため，学童保育などを利用して子どもを預かってもらう必要があるのだが，学童保育も定員に達しており受け入れ不可というケースが頻発している。保護者の立場上，子どもをないがしろにはできない。しかし，保護者には仕事がある。このように，子育てと仕事の間で板挟みになってしまうことが，現代の保護者の大きな課題といえる。

小1の壁

4 地域の人と子どもの関わり

　昔は，アニメ「サザエさん」の世界観のように，近所付き合いが盛んであった。子どもたちは，地域の人の温かい眼差しを受けて育っていた。こうした社会では小1の壁も解消されていたのかもしれない。しかし，子どもを狙う不審者の出現や交通事故の多発，核家族化や転勤の常態化によって地域の関係は薄れ，隣の住人の素性を知らないことも普通になってきている。

　それでも，保育においては地域の人との関わりが重要視されている。これは，地域を教育的な資源と見なす考え方である。たとえば，イルカに関心をもつ子どもがいたとき，イルカの再現を園内で行うことは困難だろう。しかし，保育者が地域の水族館に依頼をして園外保育を実現できれば，子どもたちは本物のイルカに触れ合うことができる。

　保育は確かに園内で完結できる。しかし，子どもの育ちを鑑みたとき，

園の外には豊かな資源が溢れている。保育者は子どもの安全に十分注意し，保護者の理解を得たうえで，他の保育者と協同して**地域資源**の活用を試みると，子どものよりよい成長に繋がるのである。

地域資源

5 人間関係に課題を抱える子どもへの関わり

（1）配慮が必要な子どもは本当に増えているのか

　近年，配慮が必要な子どもの割合が増えているといわれている。実際のところ，内閣府の「令和２年版 障害者白書[14]」でも知的障害や精神障害と診断された児童の割合が増加している。こうした背景から，加配保育士とよばれる役割も誕生した。しかし，少子化によって子どもの数は減少しているのに，なぜ配慮が必要な子どもが増えているのだろうか。その理由には，医学の進歩が関係している。そもそも，**発達障害**という障がいに関しては1933年にアメリカの精神科医が報告し，日本では1973（昭和48）年に知的障害者に対する療育手帳の交付が行われたところから始まった。それまでは，「変わった子」や「育てにくい子」など，大人の感覚に基づく表現で呼ばれていたのである[15]。その後，「発達障害」という言葉はメディアや書籍などで扱われるようになり，瞬く間に周知のものとなっていった。こうして，子どもの特性がカテゴライズされたことにより，私たちは独自の見解で「気になる子ども」を型にはめるようになったのである。その結果，配慮が必要だと思われる子どもの割合が増加していったと考えられる。

発達障害

（2）保育者が気を付けるべきこと

　子どもにとって，配慮される事柄が利益的であれば，それは適切な援助といえる。しかし，身の回りの気になる子どもに対して，「〇〇の傾向がありそうだな」と保育者が勝手に思い込み，１つの側面からしか子どもを捉えられなければ子どもの不利益に繋がってしまう。
　たとえば，発達障害に代表される子どもの特性は，あくまで１つの指

針である。同じ診断が付いた子どもでも，性格や気質，育ってきた環境など個別に特徴を有している。そのため，子どもたちを「○○の傾向」と一括りにして考えることは，援助の方法を考えるうえで危険である。また，乳幼児の場合は時期的に医学的な診断が付いていない場合もあるため，やはり診断名や症状名ありきで考えることは保育のミスに繋がる可能性がある。

　大切なことは，1人1人の子どもの姿を正確に捉え，保育者が経験や知識に傾倒して誤った想像をしてしまわないよう注意し，目の前の子どもに適したオーダーメイドの援助を計画することである。その際，ときには同僚の保育者に相談することで，多角的な視点が得られることもある。また，医療や特別支援の分野で活躍する専門家に相談することで道が開けることもある。保育者だからといって1人で抱え込む必要はない。保育は複数の大人の眼差しによって，よりよいものになっていくのである。

【引用文献】

1）国土交通省「都市公園等における遊具等の設置状況の調査結果について」2022年（https://www.mlit.go.jp/report/press/toshi01_hh_000081.html，2023年5月17日閲覧）
2）学研教育総合研究所「幼児の日常生活・学習に関する調査　7．習い事について」2022年（https://www.gakken.co.jp/kyouikusouken/whitepaper/k202209/chapter7/01.html，2023年3月13日閲覧）
3）福澤惇也「乳幼児の遊びにおける建設的相互作用―学びを3つの種類に分けて」『佛教大学教育学部学会紀要』第19号，2020年，pp.81-95
4）大豆生田啓友・岩田恵子・久保健太編著『アクティベート保育学08　保育内容「人間関係」』ミネルヴァ書房，2022年，pp.201-202
5）文部科学省「睡眠を中心とした生活習慣と子供の自立等との関係性に関する調査の結果」2015年（https://www.mext.go.jp/a_menu/shougai/katei/1357460.htm，2023年3月14日閲覧）
6）内閣府「令和3年版　子供・若者白書　第2章　全ての子供・若者の健やかな育成」2021年（https://www8.cao.go.jp/youth/whitepaper/r03honpen/pdf_index.html，2023年5月17日閲覧）
7）厚生労働省編『保育所保育指針解説〈平成30年3月〉』フレーベル館，2018年，p.34
8）文部科学省「体験活動の教育的意義」2008年（https://www.mext.go.jp/a_menu/shotou/seitoshidou/04121502/055/003.htm，2023年3月14日閲覧）
9）菅田貴子「異年齢保育の教育的意義と保育者の援助に関する研究」『弘前大学教育学部紀要』第100号，2008年，pp.69-73
10）熊谷晋一郎「自立とは『依存先を増やすこと』」（https://www.univcoop.or.jp/parents/kyosai/parents_guide01.html，2023年3月14日閲覧）
11）大阪ユニットセンター「臨床心理士からのメッセージ―子どものこころを育てるためにこころの居場所をつくろう」2013年（https://www.ecochil-osaka.jp/growth/page-

890/，2023 年 3 月 14 日閲覧）

12）厚生労働省「令和 3 年度 児童相談所での児童虐待相談対応件数」2022 年（https://www.mhlw.go.jp/content/001040752.pdf，2023 年 5 月 17 日閲覧）

13）厚生労働省「2021 年 国民生活基礎調査の概況」2022 年（https://www.mhlw.go.jp/toukei/saikin/hw/k-tyosa/k-tyosa21/index.html，2023 年 3 月 14 日閲覧）

14）内閣府「令和 2 年版 障害者白書 全文（PDF 版）」（https://www8.cao.go.jp/shougai/whitepaper/r02hakusho/zenbun/index-pdf.html，2023 年 3 月 16 日閲覧）

15）児童発達支援・放課後等デイサービス かがやきのまち「10 人に 1 人が発達障害？年々増加する理由とは」2023 年（https://onl.tw/UGUiAUS，2023 年 3 月 15 日閲覧）

お薦めの参考図書

① 宮島 清・山縣文治編『ひと目でわかる保育者のための子ども家庭福祉データブック 2023』中央法規，2022 年

② 徳田克己監，水野智美・西村実穂『誰にも聞けなかった！保育者のいろいろお悩み相談』中央法規，2021 年

③ 中坪史典編著『テーマでみる保育実践の中にある保育者の専門性へのアプローチ』ミネルヴァ書房，2018 年

④ 住野好久・清水憲志・福澤惇也『「面白い」「やってみたい」と心弾ませる子どもを目指して』ASOBI 書房，2023 年

ま と め

1 三間とは，空間・時間・仲間のことである。子どもが思いのままに活動するためには三間が必要とされており，三間が保障されることによって子どもの人間関係は広がっていく。

2 群れ育てとは，子どもを集団の中に位置付けて育てることを指す。集団ならではの人間関係が生じ，人との繋がりを通して子どもたちは学びを深めていく。

3 体験活動とは，実際に存在するモノや環境に触れて，五感を通して学べる活動である。五感から得た情報は刺激になり，学びに繋がっていく。あらゆるモノがデジタルに置き換えられる現代において，体験活動の意義が再び主張されている。

4 異年齢児との関わりは，園において縦割り保育や混合保育という保育形態で扱われることがある。年上の子どもとの関わりで，新たな発見や学びを得られる。また，年下の子どもとの関わりは自信をつけることにも繋がる。

5 自立心は良好な人間関係を保つうえで必要である。一般的には，誰かに依存しなくなることだと思われがちだが，子どもにとっては保護者や保育者といった身近な大人と信頼関係を結ぶことによって社会の中で安心して活動できる状態をつくることだと考えられる。

6 近年の社会背景から，子どもと関わる経験の乏しい保護者が増加している。それによって子育てに対する不慣れ感が生じる場合があり，保護者の不安や困難に繋がることがある。また，情報社会ゆえに何が正しいのか判断に悩み，それがストレスになっていることもある。保育者が正しい情報を提供することが求められている。

7 地域を教育上の資源と捉えて，地域の人々と関わる機会を保障することは子どもの学びにとって大切である。園内では経験できないことも，地域の人や環境を頼ることで経験できる場合がある。

8 人間関係に課題を抱える子どもの背景にはさまざまな理由が考えられる。そのため保育者が独自の見解で子どもの傾向を型にはめることなく，1人1人の姿に合わせてオーダーメイドの援助を計画することが大切である。

● 重 要 語 句 集 ●

● 執筆者一覧 ●

【編著者】

柏　　まり　　（佛教大学）

小林 みどり　　（佛教大学）

【執筆者】（執筆順）

徳留　由貴　　（大阪青山大学）　　　　　　　　　　第 1 章

村上 真理子　　（佛教大学附属こども園）　　　　　第 2 章

明石　英子　　（四天王寺大学短期大学部）　　　　第 3 章

柏　　まり　　（佛教大学）　　　　　　　　　　　第 4 章

淀澤　勝治　　（兵庫教育大学）　　　　　　　　　第 5 章

小林 みどり　　（佛教大学）　　　　　　　　　　　第 6 章

久保田 智裕　　（園田学園女子大学短期大学部）　　第 7 章

淀澤　郁代　　（たつの市立揖西中こども園）　　　第 8 章

壷井 ゆき子　　（兵庫教育大学附属幼稚園）　　　　第 9 章

福澤　惇也　　（中国短期大学）　　　　　　　　　第 10 章

● 編著者紹介 ●

柏　まり（かしわ・まり）

福岡県生まれ。岡山県立大学大学院保健福祉学研究科博士後期課程保健福祉科学専攻修了・博士（保健福祉学）。佛教大学教育学部幼児教育学科教授。専門は乳幼児保育・子育て支援・教育実践学・保育者養成。「『孤育て』を解消する祖父母力醸成プログラムの開発」「外国籍の子どもと保育者をつなぐ日本語コミュニケーション支援教材の開発」などを行っている。

〈主著〉『MINERVA 保育実践学講座2　保育者の職能論』（共著，ミネルヴァ書房），『MINERVA 保育実践学講座4　保育内容総論』（共著，ミネルヴァ書房），『豊かな保育をめざす教育課程・保育課程［第2版］』（共著，みらい）。『教育・保育カリキュラム論』（共著，中央法規），『シリーズ知のゆりかご　教育・保育カリキュラム論』（共著，みらい），『健やかな育ちを支える乳児保育Ⅰ・Ⅱ』（共著，建帛社）

小林　みどり（こばやし・みどり）

兵庫県生まれ。兵庫教育大学大学院学校教育研究科修了（学校教育学）。佛教大学教育学部幼児教育学科教授。専門は幼児教育学・保育実践学。「保育カリキュラムに関する研究」「保育内容（人間関係・言葉）に関する研究」などを行っている。

〈主著〉『乳幼児保育における遊びの環境と援助　主体的な遊びを導くために』（共著，ナカニシヤ出版），『保育実践につなぐ　保育内容総論』（共編著，みらい），『シリーズ知のゆりかご　教育・保育カリキュラム論』（共著，みらい），『MINERVA 保育実践学講座2　保育者の職能論』（共著，ミネルヴァ書房）

新・保育と人間関係──理論と実践をつなぐために　　　　《検印省略》

2023年10月17日　第1版第1刷発行

編著者　　柏　　ま　り
　　　　　小林みどり

発行者　　前　田　　茂

発行所　嵯峨野書院

〒615-8045　京都市西京区牛ヶ瀬南ノ口町39　電話(075)391-7686　振替 01020-8-40694

©Mari Kashiwa, Midori Kobayashi, 2023　　　　創栄図書印刷・吉田三誠堂製本所

ISBN978-4-7823-0621-5

新・保育と健康

三村寛一・安部惠子 編著

子どもの発育・発達の理解を深め，健康な心と身体を育むための幼児教育を考える。幼稚園などでの実践例も数多く盛り込んだ，子どもの健やかな成長を願うすべての人への一冊。

B5・並製・142 頁・定価（本体 2200 円＋税）

新・保育と環境［改訂新版］

小川圭子 編著

学生が実践力を養えるよう，教育・保育現場を身近に感じられる事例や援助の方法，写真，図表などを多数掲載。各章ごとに「まとめ」「演習問題」も収録している。

B5・並製・176 頁・定価（本体 2400 円＋税）

新・保育と言葉
—発達・子育て支援と実践をつなぐために—

石上浩美 編著

言葉は，子どもが社会的に生きていくための手段であり道具である。Society5.0 社会の担い手となる子どもの未来のために，いま，大人や社会が何をしなければならないのか。

B5・並製・144 頁・定価（本体 2250 円＋税）

新・保育と表現
—理論と実践をつなぐために—

石上浩美 編著

子どもは何を感じ取り，どのように伝えるのか。子どもの発達特性を解説しながら，豊かな感性と想像力を育む表現を，生活の中にある音・風景・自然，子どもの遊びから考える。

B5・並製・168 頁・定価（本体 2400 円＋税）

乳児保育Ⅰ・Ⅱ
—一人一人の育ちを支える理論と実践—

石川恵美 編著

保育士養成課程に基づいた章立てとなっており，具体的な例を用いた演習問題も充実している。生後 0 か月から 2 歳後半までの子どもの発達を一覧にした発達表も掲載。

B5・並製・182 頁・定価（本体 2000 円＋税）

嵯 峨 野 書 院